Para entender
O jornalismo

Bruno Souza Leal, Elton Antunes,
Paulo Bernardo Vaz (Orgs.)

Para entender O jornalismo

BIBLIOTECA UNIVERSITÁRIA

autêntica

EDITORA RESPONSÁVEL
Rejane Dias

REVISÃO
Dila Bragança de Mendonça

CAPA
Alberto Bittencourt

DIAGRAMAÇÃO
Conrado Esteves

Dados Internacionais de Catalogação na Publicação (CIP)
(Câmara Brasileira do Livro, SP, Brasil)

Para entender o jornalismo / Bruno Souza Leal, Elton Antunes, Paulo Bernardo Vaz, (organizadores). -- Belo Horizonte : Autêntica Editora, 2014. -- (Biblioteca Universitária/Comunicação)

Vários autores.
ISBN 978-85-8217-445-6

1. Jornalismo - História I. Leal, Bruno Souza. II. Antunes, Elton. III. Vaz, Paulo Bernardo. IV. Série

14-03132 CDD-079.09

Índices para catálogo sistemático:
1. Jornalismo : História 079.09

GRUPO **AUTÊNTICA**

Belo Horizonte
Rua Aimorés, 981, 8° andar . Funcionários
30140-071 . Belo Horizonte . MG
Tel.: (55 31) 3214 5700

São Paulo
Av. Paulista, 2.073, Conjunto Nacional, Horsa I . 23° andar, Conj. 2301 . Cerqueira César . 01311-940 . São Paulo . SP
Tel.: (55 11) 3034 4468

Televendas: 0800 283 13 22
www.autenticaeditora.com.br

SUMÁRIO

Apresentação

Luiz Gonzaga Motta

Mineiro demora a fazer, mas quando faz, faz bem feito. Este livro faz parte de uma virada no modo de pensar o jornalismo. Até recentemente, o jornalismo era pensado através de categorias do século passado, de teorias da informação que utilizavam um modelo de fluxo linear. Este livro subverte o modelo e propõe uma revolução no olhar.

Propõe pensarmos o jornalismo a partir do conceito de experiência. Uma experiência em estado sempre nascente, revivida a cada momento no mundo da vida onde o sujeito, tanto quanto a percepção, são construídos pela própria experiência. Ela ocorre em uma teia de relações que se tece e entretece continuamente, criando e recriando mantos de significados que nos recobrem. A notícia como experiência de atualização da vida social, protagonizada por cada um de nós.

O jornalismo é hoje uma atividade onipresente: está em toda parte, em todos os momentos, ocupa todas as dimensões do cotidiano. Nunca esteve tão vivo e ativo. Basta verificar a proliferação de emissoras de notícia 24 horas (rádio e TV) ou a multiplicação de sites, blogs e redes de informação e de mobilização social. Estamos imersos no jornalismo. Ele se apoderou de nós, nos recobre. O jornalismo é a cultura da vida pós-moderna.

Esse recobrimento da sociedade pelo jornalismo não significa, entretanto, uma passividade social. Ao contrário, nunca antes tanta gente pôs em prática técnicas, processos e estratégias jornalísticas para se comunicar. O jornalismo tornou-se uma propriedade não apenas de empresas e profissionais. As novas tecnologias permitiram que ele se tornasse uma atividade generalizada, ainda que não necessariamente com a qualidade defendida pelos profissionais.

A sociedade se apropriou do jornalismo. As fontes não são mais um lugar onde jorra uma informação pura. Ao contrário, elas agem, direcionam, forjam notícias bem escritas e bem apresentadas, palitáveis e agradáveis. A notícia não é mais um produto manufaturado apenas por profissionais: tornou-se propriedade de todos.

Isso não significa que as empresas jornalísticas tenham perdido sua centralidade na produção da visibilidade, nem que tenham perdido (ainda) a hegemonia do fazer jornalístico. Significa apenas que o campo está cada vez mais tensionado. O jogo de interesses parece ter se tornando mais público, e as empresas, mais permeáveis. Em seu processo produtivo, o jornalismo profissional necessita hoje fazer mais concessões e negociações.

Por isso, o olhar sobre o jornalismo precisa se atualizar. Este livro é um passo nesse rumo. Ele recupera a complexidade da notícia como fenômeno pós-moderno. Questiona quem produz e quem consome a notícia no mundo de hoje, indaga até que ponto o jornalismo é uma janela para o mundo. Atravessa a janela e observa o jornalismo pelo seu avesso. Questiona de quem é a voz que fala através dos jornais, telejornais e blogs, as hierarquias, as sobreposições e os apagamentos. Obriga-nos a rever conceitos consagrados, tais como fontes, canais, veículos, agenda, informação, atualidade, temporalidade, o fático e o fictício, entre outros.

E faz tudo isso de uma forma quase literária. Os autores não se prendem aos rótulos acadêmicos e às velhas teorias. Relatam experiências pessoais, até íntimas, em linguagem descontraída e bem-humorada. Ilustram suas reflexões com casos vividos, histórias do cotidiano, episódios do jornalismo diário, que tornam a leitura agradável. Suscitam mais perguntas que respostas, mas repõem o jornalismo na complexidade que lhe é inerente. Leitura imperdível.

INTRODUÇÃO

Cogitare: uma forma de ensinar pensante

Paulo Bernardo Vaz

Professores, alunos e profissionais de comunicação social buscam cada vez mais respostas para suas perguntas para entender o jornalismo. Novas questões surgem com um volume cada vez maior de estudos e pesquisas empreendidos na área da comunicação, de um modo geral, e do jornalismo, em particular. Esses estudos, contudo, produzidos e divulgados no meio acadêmico, nem sempre chegam com facilidade às estantes desses tão interessados alunos, professores e jornalistas, que devem aplicá-los em sua prática profissional ou ampliar seus conhecimentos *tout court*.

A prática docente universitária no ensino do jornalismo no Brasil tem sido oferecer aos alunos excertos pinçados em compêndios nacionais e estrangeiros – que ainda exigem o esforço de tradução para sua discussão em classe –, assim como a seleção e a disponibilização de textos extraídos de anais de congressos ou de publicações científicas, perfazendo um grande volume de material disperso. Assim, professores universitários de todos os níveis, para dar conta de cumprir com seus objetivos a cada semestre letivo, têm feito uso, parcial e esparsamente, de farta bibliografia especializada, que nem sempre cumpre com os objetivos pedagógicos.

Dando-nos conta dessa realidade no ensino do jornalismo no Brasil, apresentou-se-nos um desafio: planejar, escrever e publicar um livro didático que reúna um conjunto de temas e questões que permitam ao leitor – aluno, professor ou profissional – dar-se conta da complexidade do conhecimento ofertado nessa área, de modo a ampliar cada vez mais o saber sobre a matéria. Isto é, quanto maior o leque de estudos oferecido, maior deverá ser o interesse do leitor para dar continuidade às suas próprias pesquisas.

Tal proposta foi apresentada a um grupo de professores e estudantes de pós-graduação em Comunicação Social da UFMG, todos com experiência em salas de aula junto a alunos de Jornalismo. Todos compreenderam bem sua tarefa, devido às suas recentes experiências como discentes e docentes. Todos concordaram com o desafio apresentado: fazer um texto ao mesmo tempo sério e apetitoso à leitura. Todos concordaram em redigir um texto que levantasse e propusesse mais perguntas e indagações do que respostas e certezas, de modo a inculcar no leitor – aluno, professor ou jornalista formado – a dúvida e a vontade de mais saber. Questionamentos fundamentais para o crescimento desses mesmos profissionais, alunos e professores de jornalismo. Aceito o desafio, todos os autores revelaram ter escrito com prazer, justamente devido à originalidade da proposta. Resultaram 14 capítulos compondo este livro em quatro partes. A ideia tornada manual didático tomou forma tratando do ensino do jornalismo em torno de grandes eixos temáticos.

No primeiro eixo são propostas questões gerais em torno do jornalismo, começando-se por perguntar se, independentemente da mídia, dos editores e de todos os profissionais envolvidos na produção da notícia – que receberam diferentes formações em diferentes escolas – o jornalismo é sempre o mesmo. Carolina Silveira, autora deste primeiro texto, usa a imagem de uma colcha de retalhos para representar esse jornalismo que apresenta uma variada beleza da harmonia de diferentes tecidos para apreciação – e informação – de seus variados leitores. No capítulo seguinte Eliziane Lara indaga sobre as definições e decisões tomadas no dia a dia sobre aquilo que vai sair em seguida nos jornais impressos, online, telejornais e radiojornais. Sairá com ou sem destaque? Tais decisões limitam-se às paredes das sedes dos veículos ou podem vir de fora, de representantes do poder político, econômico e, até mesmo de seus consumidores, isto é, de seus leitores, usuários, telespectadores e ouvintes? No terceiro capítulo Flávia Miranda se volta para esse público visado pelo noticiário impresso, online, tele e radiojornalístico perguntando: "Quem lê tanta notícia?". Quem é esse público de todas as informações produzidas e veiculadas, público comprador não apenas de informações jornalísticas mas também consumidor de produtos comerciais anunciados nos mesmos veículos? No quarto capítulo Humberto Santos foca seu texto no profissional que posiciona na linha de frente no campo de batalha do jornalismo diário. Quem são esses profissionais? Seriam sacerdotes vestais que rezam no catecismo da "objetividade" jornalística apregoada como um mapa rasgado por grandes avenidas e autoestradas onde a informação flui com celeridade? Não seriam mais profissionais que tendem a "se virar" na realidade cotidiana cujo trânsito flui em um plano repleto de becos, ruelas e estradas vicinais?

No segundo eixo temático, que trata da notícia, Nuno Manna começa por trazer a questão-chave sobre a matéria-prima jornalística: informação, o que vem a ser? A informação é algo que se pode fragmentar e separar de modo a ser classificada como em um laboratório, onde poderíamos reduzi-la, por exemplo, a códigos numéricos? Poderia ser medida e tratada com instrumentos de alta precisão? Se o jornalismo não pode ser tratado no rol de uma ciência exata, onde vai se encaixar? As questões seguintes são apresentadas por Leandro Lage, em torno de uma genética do material jornalístico lembrando-se que a notícia tem um fio da meada. "O acontecimento é o passado da notícia?" Qual, afinal, é a sua origem? Onde ela começa? No acontecimento? E o que faz "acontecer" o acontecimento? Em seguida Jurandira Fonseca levanta uma das importantes questões identitárias no mundo do jornal: quem fala na prática jornalística? Tenta esclarecer o que em décadas de estudos comunicacionais foi tomado por certezas: quem fala o que para quem, etc. "Quem?" A questão permanece a mesma, mas deve-se perguntar mais arguta e insistentemente: "quem mesmo?". Não deveríamos duvidar dessa singularização do sujeito que fala? Quem fala será mesmo o nomeado jornalista? Ou não seria ele o portador de inúmeras vozes, entre as quais se destaca a dele próprio? Seguindo o roteiro daquelas fórmulas dos ultrapassados paradigmas lineares das teorias da comunicação, no capítulo seguinte Rennan Mafra se dedica a "o que" é falado, perguntando "Tudo é notícia?" O que é notícia? Quem o define o que é e o que não é notícia? Como isso é definido?

O terceiro eixo temático gira em torno das questões especificamente midiáticas, parte composta por quatro questões-chave tratadas por quatro especialistas na matéria mídia. Em uma primeira ordem de questões, Carlos Alberto de Carvalho indaga se há e qual é a precedência existente: o jornal ou o jornalismo? Quem impulsiona e puxa esse comboio? O que ou quem vem a reboque? Bruno Souza Leal, em seguida, bem-humorada e seriamente pergunta se o veículo jornalístico se trata de um carro. Ou talvez pudesse ser definido como um trem, um barco, um avião, uma bicicleta ou uma moto. Questões propostas com pertinência para falar do jornalismo veiculado de tal ou de tal maneira, consequentemente levando a notícia aos receptores com eficácia, ou não, de tal ou tal maneira. Em seguida Geane Alzamora desenvolve a questão: "o jornalismo tem problema de canal?" Se recuperamos os veículos tratados no capítulo anterior, as questões neste aqui giram em torno das vias por onde passam esses veículos, por onde circulam as informações. Os canais são naturalmente abertos ou fechados? Necessitam de abertura para o fluxo de informações? Tais canais podem ser temporariamente interrompidos? Há problemas de canal? Que tipo de problemas? Que especialistas podem fazer seu tratamento? Fechando esta terceira parte, Elton Antunes pergunta: "O jornalismo é história malfeita?" As narrativas contam e fazem história? Ou quase história? Como são construídas essas histórias ao longo do tempo e do espaço jornalísticos? Seriam histórias confiáveis?

O leitor, o telespectador, o ouvinte e o usuário devem acreditar ou duvidar dessas histórias?

A quarta parte o livro cuida das características daquilo que é narrado no jornalismo, sob o sugestivo título "As histórias". Angie Biondi mostra que as narrativas jornalísticas não são histórias contadas exclusivamente com palavras. Podem ser – e são – narrativas fotográficas. Como se operam essas narrativas visuais? Surgem importantes questões sobre a natureza do fotojornalismo: deve ser tomado como uma atividade profissional? Um objeto? Ou, depois de mais de um século de história, o fotojornalismo já teria se tornado um campo de estudos? Ainda sobre as narrativas jornalísticas, Carlos Jáuregui pergunta "O jornalismo pode fazer rir ou chorar?" As matérias jornalísticas seriam suficientemente fortes para poder emocionar os leitores? A questão tratada no capítulo seguinte por Phellipy Jácome é sobre as variações ocorridas nas narrativas jornalísticas ao serem contadas e recontadas. Quem conta um conto, aumenta um ponto?, pergunta sagazmente o autor. As narrativas replicadas permanecem ou são modificadas à mercê de quem as reconta? No último capítulo, Rodrigo Portari e Renné Oliveira França trazem questões-chave sobre de gêneros jornalísticos. Que gêneros são esses? Quem os define? Eles existem, coexistem em convivência conflituosa ou não?

O livro, contudo, não termina com o último capítulo da quarta parte de seus eixos temáticos. Ao leque de questões já aberto nesse grande percurso feito até ali, acrescenta-se uma coda, derradeira parte, um grande estímulo aos leitores para que ampliem esse leque de questões encetando suas próprias buscas "para refletir mais sobre o jornalismo". Pontos de um glossário, em ordem alfabética, apresentando termos técnicos de uso corrente no linguajar dos estudos jornalísticos. Nesses termos, aparecem autores de referência que poderão – e deverão – compor um escopo bem maior dos estudos que o leitor se propuser a fazer. O que se completa com uma bibliografia de referência, farta e atualizada, que encerra o livro. Aquelas referência bibliográficas encerram e pretendem reabrir o livro, se os leitores assim o desejam. E os autores bem querem que eles queiram dar continuidade à sua pesquisa.

Como vimos insistindo desde o início desta introdução, aqui está o grande diferencial deste livro didático em relação a outros livros didáticos sobre jornalismo. Os pontos aqui apresentados com tantas questões e tantos questionamentos têm um único objetivo: que o leitor, refletindo e pensando com a própria cabeça, pense grande, pense cada vez mais do que tudo aquilo que aqui trouxemos e propomos ao escrever este livro "Para entender o jornalismo". Todos nós concordamos em fazê-lo como se nos dirigíssemos a um aluno inquieto à nossa frente. Eis o sujeito-leitor modelo, que idealizamos precisamente para este livro didático: quem tenha mentalmente gravado em sua testa o preceito cartesiano: *Dubito, ergo cogito, ergo sum.*

PARTE 1

Em torno do jornalismo

CAPÍTULO I

É tudo um mesmo jornalismo?

Ana Carolina Silveira Fonseca

A pergunta proposta a este artigo coloca-nos, de saída, uma provocativa armadilha. Ao convocar um esforço comparativo – é tudo um mesmo? – a questão nos sugere que há um conjunto de fatores capazes de levantar questionamentos sobre seu traço identitário. Já no título, uma diversidade é, portanto, insinuada indicando que dificilmente estamos tratando de um "mesmo". Mas a provocação está justamente na proposta de uma possível comparação. Afinal, comparar o quê?

São recorrentes as explicações que buscam tomar o jornalismo pelo jornal e definir esse dispositivo de maneira um tanto restritiva. Impresso, televisivo, radiofônico ou eletrônico, um jornal precisa ter cara de jornal. Deve também ser feito por jornalistas, profissionais devidamente habilitados para essa função. Outra exigência é que seja isento. Um jornal não pode estar ligado aos governos, aos grupos políticos, aos movimentos sociais e a tudo o que o impeça de ser imparcial. Jornalismo é ainda aquilo que trata do real, do presente, em uma linguagem objetiva e de maneira vocacionada ao interesse público. Por essa perspectiva, pouco deveria haver para comparar. Atendendo tais condições, a máquina jornalística deveria produzir sempre algo parecido, variando apenas – e em pouca intensidade – o estilo e os temas.

A descrição breve e reducionista exagera no tom, mas não peca nas características que são frequentemente acionadas para dar conta da prática jornalística. Isoladas, em pares ou no conjunto, tais condições explicam na mesma proporção em que complicam. O que é ter cara de jornal em nossos dias? Basta ver, por exemplo, programas televisivos que mesclam humor e informação. Isenção também não é de longe um traço distintivo de nossos jornais. Não só porque é evidente a orientação política de vários veículos informativos, mas também porque a isenção é do ponto de vista da lógica uma condição impossível. Também é possível questionar: o que são o real, o presente e a objetividade? Uma vasta literatura desconstrói qualquer tentativa de resposta óbvia e simplista para tais perguntas. E, por fim, o que é o tão propalado interesse público? Um jornalista é quase sempre muito hábil em distinguir o que é ou não de interesse público, mas não demonstra a mesma habilidade se convidado a formular um conceito sem exemplos. Indício ainda mais forte de que a notícia não resulta de uma receita de bolo, é que, mesmo ao lidar com os mais tradicionais dos jornais, não tratamos todo o tempo de algo igual. Até o mais desavisado dos leitores é capaz de perceber isso.

Ainda tendo em mente o problema da comparação, continuemos nesse exercício de expansão dos horizontes. É importante considerar que o jornalismo não se explica tão somente pela dinâmica e pelas produções das empresas genuinamente jornalísticas, seja lá o que isso possa significar. O jornalismo, como o conhecemos hoje, tem de fato sua origem na constituição de um campo profissional em que as empresas autônomas, com suas redações, guardam uma fundamental centralidade. Mas estamos tratando de uma prática apropriada, ressignificada e experimentada das mais diversas formas pelos sujeitos sociais. É por esse caminho que vemos hoje, por exemplo, uma proliferação de informativos pessoais, por meio das redes sociais. Em escala maior, temos ainda os grandes veículos de informação de órgãos governamentais, como a rádio do Senado Federal. As Igrejas também investem quantias vultuosas em suas mídias próprias.

E persistem os pequenos jornais, informativos e programas de rádio veiculados em contextos comunitários para audiências menores. Além de todo um universo de produção que está para além das redações, há outro conjunto de práticas dedicado a incidir na própria imprensa – como as assessorias, os espaços de crítica de mídia e daí em diante.

Todo esse universo "é tudo um mesmo jornalismo?". Invertendo um pouco a lógica de um artigo, propomos ensaiar uma resposta já de saída, para que possamos tomá-la como guia na análise, e não como um ponto de chegada. Se permanecermos no problema da comparação, provavelmente vamos caminhar para uma discussão normativa, problematizando a adequação e a legitimidade deste ou daquele produto e prática, caminho que não tem se mostrado muito frutífero. Não raro, as discussões nessa perspectiva tomam o rumo de uma reserva de mercado, quando não sugerem vaidades feridas.

Nossa proposta de encaminhamento, passível de ser acusada de prematura e autoritária, é que estamos tratando sim de um mesmo jornalismo, o que não significa dizer que estamos falando de coisas iguais. Acreditamos que há formas muito diferentes de tomar parte na escrita jornalística do mundo, mas se dissermos que são jornalismos distintos, vamos permanecer no problema da comparação. Por essa perspectiva, colocamos o jornalismo em um patamar superior, sendo escrito com a participação diferenciada de vários agentes, linguagens, dispositivos. Assim, partimos para outra problemática: como as diferentes *experiências jornalísticas* participam da *escrita jornalística* do mundo?

Uma metáfora pode ajudar a ilustrar melhor a forma como propomos (re)posicionar a discussão. Acionemos a imagem de uma colcha de retalhos. Para os não familiarizados, tais colchas eram produzidas a partir das sobras dos tecidos utilizados na confecção de roupas. Em geral, eram colchas bastante coloridas, com estampas variadas e de texturas diferentes. Mas havia também as colchas marcadas por um tom mais homogêneo. No geral, essas colchas mobilizam o olhar para a busca de correlações entre os retalhos e podem assumir, assim, paisagens diversas.

Propomos pensar o jornalismo como uma grande colcha de retalhos, feito de pequenas partes e, sobretudo, dos diálogos possíveis entre elas. Não se trata, assim, de comparar uma e outra prática, um e outro produto, mas de compreender que há um universo de potenciais e efetivas relações entre tantos pequenos retalhos. A seguir, abordamos algumas das questões que o diálogo entre as diferentes escritas pode suscitar. Sem a pretensão de esgotá-las, nosso propósito é antes seguir no alargamento das bordas jornalísticas, deixando caminhos para uma série de outras problematizações.

Ensaiando costuras

Há tecidos de cores mais fortes, com maior largura, expostos em vitrines privilegiadas, feitos em maior escala. Na composição de uma colcha, os retalhos dessas peças terão evidentemente uma presença diferenciada. Temos "grandes fábricas" em nossa indústria, que foram e continuam sendo fundamentais para o entendimento que temos hoje do jornalismo: um campo especializado e autônomo de produção discursiva, organizado em torno das redações profissionais e orientado por técnicas preocupadas em garantir a fidelidade dos relatos aos acontecimentos. Podemos encontrar em Bill Kovach e Tom Rosenstiel (2003) algumas das características do que se espera de um bom jornalismo, nestas bases: busca desinteressada da verdade, isenção, relato fidedigno da realidade, dedicação às questões de interesse público.

Normalmente ingressamos no ensino superior de jornalismo com esse cenário em mente. E ao longo de um curso inteiro é possível que a maior parte das discussões, senão todas, tenham em perspectiva apenas o universo jornalístico organizado em torno das redações. Um movimento natural, dada a sua centralidade, como mencionamos. Apesar dos acúmulos e questionamentos teóricos sobre cada um dos qualificadores mencionados, a prática das redações ainda se orienta, em grande medida, por tais exigências, em torno da missão maior de "retratar os acontecimentos do mundo". Basta ver os manuais de jornalismo.

Todo esse conjunto de normas se propõe a assegurar algo que é, por natureza, inviável: a tessitura proposta é aquela possível - ou a mais próxima do ideal - diante dos tecidos que lhe são oferecidos. Embora tal imaginário seja justificado como uma baliza importante para o trabalho do repórter, nem sempre é problematizado no dia a dia. E muito do que vemos é produzido com base na convicção quase plena de que daquele tecido oferecido só era possível fazer uma calça. O interessante é que a impossibilidade de uma informação total não é problema só da grande imprensa. Um autor de referência na área do jornalismo, Maurice Mouillaud (1997), nos diz que o dispositivo de informação estabelece sempre, em um mesmo gesto, um dentro e um fora de campo. Informar é dizer o que pode e deve ser visto, um recorte que se faz necessariamente pela criação de uma zona de sombra. Todas as outras experiências jornalísticas que elencamos no início deste artigo - como os jornais de igrejas, governos, empresas e ONGs - incorrem no mesmo pecado, mas já que a imprensa tradicional toma essa problemática como baliza do seu trabalho, também vamos assinalar tal característica como um traço distintivo do modo de escrita das redações. Além de ter uma presença forte em nossa colcha imaginária, o retalho originário da grande imprensa nem sempre dá conta de reconhecer que há costuras, nós, avessos nessa amarração.

Essa leitura é útil para caminharmos no propósito de evidenciar que o jornalismo se faz por conexões. Qualquer grande fábrica trabalha com insumos, para ficarmos em um problema inicial. Mais adiante, veremos que uma série de outras fábricas também colocam seus retalhos nessa colcha jornalística. Do ponto de vista teórico, reconhecer que há insumos significou entender gradativamente que a informação não circula como em uma esteira, seguindo o caminho de uma ponta a outra. Digamos que a fábrica passa a ser percebida como uma engenharia mais complexa, em que é difícil definir claramente o início e o fim da produção. Para se chegar a essa perspectiva, foi fundamental a percepção de que a linguagem é dialógica. E nessa caminhada, uma verdadeira revolução se deu também no modo de compreender as audiências. Em resumo, a interação é algo fundante da prática jornalística, assim como de qualquer outra prática social.

Mas há também toda uma organização para a incidência na mídia. Nesse ponto, o debate se torna menos amistoso (Fausto Neto, 2009). Se falamos que a costura proposta pela imprensa de referência dificilmente reconhece que há um avesso, não é difícil imaginar o que ocorre quando uma série de esforços são empreendidos no desvelamento desses bastidores. E essas iniciativas partem de agentes os mais diversos: são organizações do terceiro setor que monitoram e criticam a cobertura da imprensa, empresas que publicam as perguntas enviadas pela imprensa antes que a matéria seja veiculada nos jornais, além de todo um processo de qualificação para o relacionamento com a mídia, como o treinamento das fontes.

Há conceitos bem interessantes que tentam dar conta desses processos. José Luiz Braga (2006) nos fala sobre a existência de um terceiro subsistema, ao lado dos de produção e recepção, em que a sociedade interage sobre a mídia. Em Chaparro (2001), encontramos a ideia de uma "revolução das fontes". Já Waisbord (2009b) foca sua atenção no processo de *advocacy* junto à imprensa protagonizado por organizações da sociedade civil. Sem entrar nas especificidades de cada uma dessas formulações, buscamos apenas indicar o quanto a tessitura jornalística proposta pelos grandes veículos se dá necessariamente com base na costura de vários outros textos. Pela perspectiva que sugerimos já na introdução deste artigo, assinalamos a riqueza de considerar cada uma dessas práticas como parte do jornalismo elas mesmas, e não apenas quando bem-sucedidas em sua tarefa de incidência. Até mesmo porque, retomando a leitura relacional colocada anteriormente, essa interação se dá também de maneira difusa, todo o tempo.

Outro caminho em nosso esforço de ampliação dos horizontes é colocado também pelos investimentos em produções jornalísticas próprias. Ao longo dos tempos, de maneira geral, tais esforços foram rotulados como mídia alternativa. Sobre a produção assim nomeada, recai a expectativa de uma identidade com grupos comunitários e/ou afetados por algum problema e a ideia de uma produção mais amadora. A mídia alternativa normalmente é vista como um contraponto à grande imprensa, dando espaço às perspectivas por ela negligenciadas. E embora sejam iniciativas antigas, mobilizam poucas reflexões enquanto experiências jornalísticas.

Mas as pequenas fábricas têm chamado cada vez mais atenção, muitas vezes também acusadas de ocupar um espaço que não lhes pertence. São os jornais produzidos por organizações "interessadas", com o envolvimento de jornalistas, voltados para audiências mais amplas e com grande semelhança em relação aos formatos e aos esquemas narrativos jornalísticos tradicionais. Em resumo, temos jornais com cara de jornais, muitas vezes feitos por jornalistas, mas fora do marco de uma empresa autônoma e exclusivamente dedicada a esse fim. Tais iniciativas vêm sendo protagonizadas por organizações sociais, governos, empresas, Igrejas, entre uma série de outros atores. Um dos pesquisadores sobre o tema, Francisco Sant'anna (2009), chegou a cunhar a expressão "mídia das fontes", ou seja, mídias mantidas e administradas por atores sociais tradicionalmente vistos como fontes de informação. Embora haja uma série de estudos sobre essas experiências, não raro, as discussões caminham para o questionamento da legitimidade de tais práticas, deixando de explorar uma série de especificidades interessantes das escritas jornalísticas propostas.

Para os propósitos desta reflexão, é importante considerar que as redações não "tecem" sozinhas. Destacamos em um primeiro momento o quanto a escrita das redações dialoga com uma série de outras práticas e insumos, reivindicando que todas essas iniciativas são parte do jornalismo e não apenas parte de um processo das redações. Também no caso das produções próprias, chamamos atenção para a necessidade de explorar o lugar dessas iniciativas. Vemos, por exemplo, o quanto várias histórias vão sendo tecidas nesses espaços, oferecendo também lastro para as narrativas que chegam a ganhar os grandes veículos. Mas, para além disso, são redes que cada vez mais alimentam as trocas informativas, compondo a paisagem jornalística por elas mesmas. Agora, é interessante perceber que, por mais alternativas e autônomas que se pretenda uma série de outras experiências, elas também estão em diálogo e constituem avessos e direitos, ou seja, reservam à invisibilidade uma série de questões.

Colchas

A analogia da costura, com seus avessos e direitos, nos ajuda a compreender que uma dada experiência jornalística não pode ser explicada e explorada unicamente a partir da face mais visível de seus produtos. É preciso apanhá-la entre um direito e um avesso, na necessária conexão com tantos outros direitos e avessos. Por esse caminho é possível indicar que as várias experiências estão intimamente conectadas com outras tessituras e, nesse sentido, necessariamente imbricadas na escrita dos acontecimentos jornalísticos.

Duas contribuições teóricas ajudam a localizar essa leitura e oferecem caminho para a continuidade das reflexões. A primeira delas indicamos em Mouillaud (1997), que, ao tratar dos dispositivos de informação, nos diz sobre os quadros de visibilidade. "Parece-nos que toda e qualquer informação, engendra o desconhecido, no mesmo movimento pelo qual informa [...]" (p. 39). E o que está fora de quadro permanece: "[...] é testemunho de uma presença mais inquietante, a qual não se pode mais dizer que existe, mas, preferencialmente, que 'insiste' ou 'subsiste' [...]" (p. 41). Se assumimos esse mecanismo como válido para o modo de operar de todo e qualquer dispositivo de informação, podemos pensar em um sistema jornalístico que se constitui pelo bordejamento de diferentes campos de visibilidade, assim como se bordejam os diferentes retalhos, na face avessa e direita de uma colcha.

Outra inspiração nos é dada pela etimologia da palavra texto. "Texto que vem de *textu* (tecido) e de *textere* (fazer com fios, tramar, urdir). Logo, um 'texto' surge como obra tecida e como um tecer (Leal; Antunes, 2011a, p. 22). Os jornais – impressos, televisivos, radiofônicos, alternativos, etc. – se apresentam como "tecidos", ou seja, são uma materialização do texto jornalístico. Mas considerados como parte de um sistema maior, podem ser constantemente reinventados. Guardam, assim, uma potência do tecer. É nessa perspectiva que buscamos ver como algumas experiências jornalísticas podem ser mais bem compreendidas se tomadas em relação – e não comparadas – como uma escrita maior.

No geral, é colocada uma dicotomia entre as produções jornalística das redações e todos os demais investimentos jornalísticos que se dão fora delas, como se os últimos comprometessem a legitimidade das primeiras. Sobre o que se debruçam tais esforços – do que fala o jornalismo – é tema para toda uma reflexão, mas a provocação que propomos é que essa escrita se dá em diálogo e pode assumir materializações diversas.

Assumir que os contornos do jornalismo possam ser um tanto mais amplos do que muitas vezes se pretende coloca questões interessantes em cena. Obriga a reconsiderar, por exemplo, a noção de tempo com que opera o jornalismo: aquilo que é novidade na grande imprensa, muitas vezes está sendo gestado muito antes, do ponto de vista jornalístico mesmo, em outros espaços. E todas essas escritas estão conectadas, são recursivas, provocam-se e criam lastros umas para as outras, sem expectativas de que esta ou aquela prática dê conta de tudo o que se espera do jornalismo. Retomando a resposta ensaiada na introdução, não falamos de um mesmo, é certo, mas tratamos de experiências que participam de uma mesma tessitura.

Síntese da questão

Usamos o termo jornalismo frequentemente assim, no singular. Esse uso sugere que há um único e mesmo jornalismo, cuja diversidade seria algo como variações pequenas, sem maiores implicações. A pergunta se é tudo um "mesmo" jornalismo, então, revela-se perigosa e importante. Perigosa, porque pode sugerir um gesto comparativo, que levaria a perspectivas normativas que, ao fim e ao cabo, acabariam por hierarquizar bons e maus, melhores e piores jornalismos. Importante, porque faz ver a diversidade daquilo que chamamos jornalismo, diversidade que, a exemplo de uma colcha de retalhos, tem avessos, costuras, harmonias e desarmonias.

CAPÍTULO II

Quem faz a agenda?

Eliziane Lara

Na década de 1970, Maxwell McCombs e Donald Shaw formularam a hipótese do *agenda-setting*, que alcançou uma repercussão significativa no campo de estudos da Comunicação. Em linhas gerais, ela propõe que os meios de comunicação de massa são capazes de definir os temas que irão pautar a conversa pública cotidiana, concepção sintetizada na conhecida formulação de que os meios não são capazes de determinar "*o* que" as pessoas pensam, mas dizem "*sobre* o que" elas devem pensar (McCombs, 2004). No entanto, estudos dedicados à revisão dessa teoria passam a considerar a força dos enquadramentos propostos pela mídia. Nessa nova visada, reconsidera-se a competência dos meios em pautar não somente os assuntos mas também as abordagens que serão privilegiadas no debate público.

Neste trabalho não temos como proposta detalhar as proposições do *agenda-setting*, mas partindo da premissa de que os meios de comunicação participam de modo significativo da definição dos temas que serão discutidos pela sociedade, propomos algumas reflexões que podem ser traduzidas da seguinte maneira: Quem está interessado em inserir temas nesta agenda? Quem tem o poder de definir o que fará parte e o que ficará de fora dela? O que está em jogo nessa tomada de decisão? Quais são os critérios que orientam essas escolhas?

Todo mundo de olho

Na sociedade contemporânea, muito do que sabemos chega até nós por meio de produtos jornalísticos. Basta pensar na cobertura sobre os conflitos no Oriente Médio ou, nem é preciso ir tão longe, se consideramos a forma pela qual acompanhamos o campeonato estadual de futebol ou sobre modo como ficamos sabendo de algumas decisões tomadas pela câmara de vereadores do nosso município. Diante desse modo de organização social, os meios de comunicação exercem um papel tão importante que, em alguns aspectos, se determinado tema ou problemática não é abordado por eles, é como se não existisse ou pelo menos não possuísse a relevância necessária para receber atenção do poder público e da população em geral.

É fácil compreender este raciocínio quando observamos a árdua busca por um lugar na cena midiática empreendida por uma série de organizações e movimentos que lutam pela melhoria das condições de vida de determinados grupos, como mulheres, crianças, homossexuais, pessoas com deficiência, negros, indígenas e idosos, entre outros. Também há aqueles que se articulam em torno de causas que não se ligam a parcelas específicas da população, como a defesa do meio ambiente, o combate à corrupção e os movimentos pela paz. E nem só de bandeiras politicamente corretas vive a "corrida" por um espaço na pauta dos meios de comunicação. Representantes de posturas mais conservadoras também atuam para alcançar um lugar sob os holofotes midiáticos, assim como aqueles que defendem interesses que estão no âmbito privado, como as empresas.

Mesmo atuando em universos tão distintos e muitas vezes conflitantes, esses atores têm em comum a necessidade de que seus argumentos (ou produtos) ganhem visibilidade. E um dos principais caminhos para que isso aconteça é a aparição em produtos jornalísticos. Nesse aspecto é necessário ter clareza que esses veículos configuram uma arena importante, mas não são espaços exclusivos para que os temas se tornem visíveis. Mídias digitais, cinema, programas de entretenimento e peças de publicidade, para citar apenas alguns, também desempenham papéis relevantes quando o assunto é tornar visível uma determinada questão.

No caso brasileiro, as novelas ocupam posição de destaque devido ao grande público que conseguem alcançar e à diversidade de temas que já abordaram, tais como a violência contra a mulher, as diversas formas de preconceito, as questões que afetam as pessoas com deficiência, entre vários outros. Entretanto, muitas vezes essa visibilidade pode atingir resultados considerados negativos do ponto de vista dos movimentos sociais, como ocorreu com a novela *Torre de Babel*, veiculada pela Rede Globo de Televisão, que abordou a relação homoafetiva entre duas mulheres (Maia, 2008).

No entanto, cada uma dessas formas tem um tipo de reconhecimento por parte do público. No caso das ações publicitárias, a associação com a visibilidade é bastante evidente; afinal, dar publicidade a alguma coisa é torná-la visível, conhecida pelo público. Em peças que têm esse caráter, exaltar as qualidades de determinado produto ou a "retidão" de uma causa é um gesto já esperado. Isso não torna inócua esse tipo de ação, mas ela é vista pelo público de um modo distinto do que ocorre com um conteúdo jornalístico. Deve-se levar em conta também que o espaço da publicidade é pago, e que o espaço editorial não tem preço ou pelo menos não deveria ter. Além disso, o jornalismo se apresenta como uma atividade credível, que tem como princípios a apuração dos fatos e a isenção dos jornalistas, profissionais que seriam destituídos de motivações particulares e que produziriam, portanto, notícias pautadas apenas pelo interesse público. Em que pese esse discurso de autolegitimação do jornalismo, sabe-se que muitas vezes o público encara essa atividade com desconfiança e questiona o alegado compromisso com a verdade e a isenção. É nesse cenário de tensões que a atividade jornalística participa da construção da pauta que norteia a conversa pública.

De tudo um pouco

Basta mover a barra de rolagem num portal de notícias, folhear a edição de um diário ou ouvir a escalada do noticiário no rádio para observar que tudo, ou quase tudo, tem potencial para se tornar notícia. Para compreender como a definição do que entrará na pauta se processa, uma corrente forte nos estudos do jornalismo dedica-se ao apontamento dos valores-notícia, elementos que guiariam os jornalistas no momento de decidir o que merece ocupar o limitado e nobre espaço do noticiário (Traquina, 2002b; Wolf, 1987). Nesse arranjo, é como se os jornalistas olhassem para os fenômenos do mundo com uma cartela de valores à mão. Os fenômenos que atendessem àqueles critérios estariam aptos a entrar na pauta do jornal.

No entanto, um olhar mais atento revela que os processos jornalísticos não se desdobram dessa maneira. Um sintoma do descompasso entre o que prevê a teoria e o que ocorre no cotidiano das redações é que, para os jornalistas, deveria ser uma tarefa simples responder o que faz com que determinado tema se torne notícia, pois é o domínio dessa competência que os distingue como profissionais. Entretanto, é comum manifestarem certo desconforto diante desse tipo de questão. Uma resposta apresentada com frequência é que se orientam pelo "interesse público" ao escolher os assuntos que serão abordados pelo noticiário.[1] O argumento parece convincente se consideradas matérias sobre golpes, economia e política. Afinal, esses assuntos podem trazer consequências diretas para os cidadãos, portanto tornam-se objeto de interesse coletivo. No entanto, essa justificativa perde força quando observamos boa parte dos temas publicados pelos veículos de imprensa. E este é um exercício interessante a ser feito. Basta o leitor entrar num portal de notícias ou folhear qualquer jornal que esteja ao seu alcance para ver quantos dos textos publicados podem ser

[1] Vale lembrar que essa mesma alegação irá justificar o uso de câmeras escondidas e disfarces na produção de reportagens.

considerados como correspondentes efetivos daquilo que se considera "interesse público". Sabemos que a discussão do que se poderia definir como "interesse público" é complexa e, para ser realizada de modo satisfatório, exigiria um outro trabalho. Neste texto a tomamos no sentido em que é comumente usada, com o intuito apenas de demonstrar que é insuficiente para explicar as decisões tomadas no âmbito dos veículos de imprensa.

É importante atentar, por exemplo, para a diferença que muitas vezes os próprios jornalistas destacam entre interesse público e interesse *do* público. No caso de portais, o campo das notícias mais lidas é bastante profícuo para que se faça essa observação, pois mostra como não há, necessariamente, correspondência entre os temas que despertam o interesse do público com questões podem concernir diretamente à vida dos cidadãos. A proposta deste breve exercício de análise não é separar o joio do trigo, ou seja, estabelecer uma classificação entre as notícias mais ou menos importantes, mas sim perceber o quanto a noção de interesse público é difícil de ser delimitada e se mostra frágil para explicar as decisões que levam à definição daquilo que é ou não noticiável.

O alegado interesse público também é insuficiente para justificar o fato de que muitas das violações de direitos de grupos minoritários não encontram espaço nos produtos jornalísticos, uma vez que essas minorias são assim identificadas em termos "simbólicos", mas representam uma parcela significativa da população, senão a maior parte, como é o caso dos negros e das mulheres. Logo, as questões que afetam esses grupos deveriam encontrar ressonância nos produtos jornalísticos.

Além do interesse público, a noticiabilidade ou os valores-notícia também são acionados com frequência na tentativa de explicar por que determinados assuntos entram ou são excluídos do noticiário. Assim, a proximidade com o público, o envolvimento de uma figura reconhecida e o impacto daquele acontecimento, são apontados, por exemplo, como valores que orientam os jornalistas nessa tomada de decisão. A ampla lista de critérios utilizados nessa seleção é ampla e é usada para explicar os motivos que levam o "inesperado" a ser notícia que se construiu uma máxima bastante conhecida entre os jornalistas: "se o cachorro morde o homem não é notícia, mas se o homem morde o cachorro é notícia", ainda que o noticiário esteja repleto de notícias de homens atacados por cães. Essa simples (ou mesmo simplória) constatação aponta que apenas o manejo de valores-notícia não é suficiente para explicar por que determinados acontecimentos atravessam a peneira (ou o portão, para usar uma metáfora cara a outra teoria, a do *gatekeeper*) e ganham espaço no noticiário. Como esclarece Shoemaker (2006), a noticiabilidade não é uma característica natural ou intrínseca dos acontecimentos. Trata-se de um "julgamento mental, um construto cognitivo que pode apenas de forma tangencial prever aquilo que se tornará notícia atualmente" (Shoemaker, 2006, p. 110, tradução nossa).

Uma pesquisa empreendida por Shoemaker e Cohen (Shoemaker, 2006) ajuda a elucidar esse modo de compreensão. Os autores propuseram que jornalistas e leitores de dez países elaborassem um *ranking* com os critérios que consideravam mais importantes no momento de definir o que deve entrar na pauta dos jornais. Depois, compararam esses critérios com os assuntos que efetivamente ganharam destaque nos veículos e observaram que não havia correspondência direta entre eles, ou seja, os temas que ganharam maior espaço não correspondiam aos valores apontados como os mais importantes.

Não se trata, contudo, de jogar por terra o conhecimento construído em torno da noticiabilidade. O que o estudo revela é que os valores podem até se configurar como um pertinente instrumento de leitura para os produtos jornalísticos depois de prontos, mas não parecem ser as principais balizas a orientar as decisões tomadas cotidianamente pelos jornalistas. Aliás, Shoemaker (2006) aponta para um caminho interessante e propõe que pode ser mais produtivo para as pesquisas no campo do jornalismo se debruçarem sobre o interstício existente entre os valores apontados como relevantes e o que é efetivamente publicado pelos jornais. Na rotina de trabalho das redações, a leitura dos acontecimentos à luz dos valores-notícia se dá em meio à negociação com uma série de outros elementos, como veremos no item seguinte. Portanto, não é possível apontar para todas as notícias quais foram os valores que, *a priori*, fizeram com que alcançassem tal status.

O assédio capitaneado pelas assessorias

Até este ponto, temos nos empenhado em compartilhar o entendimento de que as características daquilo que se tornará notícia não são intrínsecas aos fenômenos reportados, mas se constroem em meio a uma complexa rede de relações. Nesse sentido, é muito importante ter em vista o papel-chave desempenhado pelas assessorias de imprensa nesta trama.

Os assessores têm como missão principal ofertar à imprensa temas e abordagens que sejam de interesse dos seus assessorados, que, como vimos, compõem um espectro variado, abrangendo de movimentos e organizações a empresas e governos. As abordagens são aspectos que merecem atenção, pois aos assessorados não basta que a imprensa trate do assunto de seu interesse, mas é necessário que ela o faça na perspectiva que aquele que sugeriu considere mais adequada. Por exemplo, se uma associação de magistrados que atua na área da infância sugere à imprensa uma pauta relativa às condições em que se encontram os centros socioeducativos destinados aos adolescentes em conflito com a lei, a proposta não terá sido plenamente atingida ou terá mesmo efeitos contrários, caso algum veículo se disponha a abordar o tema e reforce um viés de criminalização desses adolescentes, sugerindo que o melhor seria a redução da idade penal e o encaminhamento desses jovens a presídios. No entanto, esse é um risco que se corre ao sugerir uma pauta para a imprensa, mesmo que a sugestão apresente argumentos que apontem para uma direção bastante explícita.

O que se observa é que a possibilidade de o "tiro sair pela culatra" parece ainda não ser capaz de fazer frente aos benefícios que a visibilidade pode proporcionar. Por isso, investe-se na elaboração de estratégias que tenham maior chance de alcançar bons resultados do ponto de vista dos assessorados, o que se manifesta num investimento considerável em atividades de assessorias de imprensa. De acordo com a Federação Nacional dos Jornalistas (Fenaj), as assessorias compõem o setor que mais emprega jornalistas no Brasil (Fenaj, 2007). Em consonância com esse quadro, é possível encontrar uma série de guias e manuais para os assessores.[2]

As estratégias utilizadas pelas assessorias no contato com os veículos são as mais variadas possíveis. A mais utilizada é o envio de uma sugestão de pauta, atividade que ficou bastante facilitada com a chegada do e-mail. Após o envio, é comum que os assessores liguem para as redações e chequem se a pauta foi recebida. Nesse momento, também é possível acrescentar alguma informação ou tentar convencer aquele que atendeu o telefone de que se trata de um assunto importante. Essa etapa, conhecida como *follow-up*, é talvez uma das mais árduas para o assessor. Afinal, diariamente as redações são inundadas por centenas de sugestões de pauta e na famosa corrida que empreendem contra o relógio, repórteres e editores não costumam ter muito tempo e paciência para o contato feito pelos assessores. Isso, obviamente, não é regra.

Do ponto de vista dos jornalistas, os assessores também exercem uma função de vigilância, pois muitas vezes intermedeiam os contatos com as fontes e, não raro, solicitam que as perguntas sejam enviadas com antecedência, além de acompanharem entrevistas realizadas pessoalmente ou mesmo por telefone. Assim, se à primeira vista a relação entre estes dois campos não parece ser muito amistosa, isso não significa que as redações sejam ambientes "blindados" à ação dos assessores. Pelo contrário, se as sugestões enviadas à imprensa não encontrassem

[2] Muitas dessas publicações fazem questão de realçar a diferença entre a assessoria de comunicação e a assessoria de imprensa. A primeira tem uma atuação mais abrangente, deve reunir todos os profissionais que realizam atividades de comunicação na instituição, seja jornalistas, publicitários, sejam relações públicas. Já a assessoria de imprensa atua exclusivamente no atendimento à imprensa e no envio de sugestões de pauta às redações e agências de notícia.

nenhuma forma de repercussão, o investimento nesse tipo de atividade cessaria e não é isso a que estamos assistindo. Mesmo em cenários onde há uma certa "escassez" de recursos financeiros, como no caso de organizações e movimentos sociais, há investimento em atividades de comunicação, com fomento, por exemplo, à formação de agências de notícias capazes de produzir conteúdos atraentes aos olhos da imprensa. Eis um ponto que merece atenção: mesmo a sugestão de pauta deve ser produzida nos moldes daquilo que a imprensa identifica como notícia, ou seja, deve ser capaz de evidenciar o caráter de novidade daquele assunto e a pertinência de que seja tratado por aquele veículo. É muito comum, inclusive, que mais do que sugerir uma pauta, sejam organizados eventos, como passeatas, marchas e uma série de outras ações simbólicas - como o abraço a determinado ponto da cidade, a colocação de cruzes na areia da praia, a distribuição de flores num ponto de grande circulação de pessoas - como forma de atrair a atenção da imprensa, pois esses gestos rendem imagens (uma preocupação muito forte para a televisão, mas não apenas dela), e, principalmente porque de alguma forma atualizam aquele tema, justificando sua abordagem pela imprensa.

As assessorias também promovem várias outras ações, algumas interessantes, outras um tanto questionáveis do ponto de vista ético. No caso das primeiras, há a realização de entrevistas coletivas, o contato com apenas um veículo para negociar o envio de uma pauta com exclusividade e a promoção de prêmios que valorizem o esforço de reportagem em temas considerados importantes por aquele que promove a premiação.[3] A disponibilidade

[3] Nessa linha, a Agência Nacional dos Direitos da Infância tem desenvolvido uma iniciativa muito interessante: o Concurso Tim Lopes de Jornalismo Investigativo, que, ao contrário de muitas premiações, não reconhece matérias prontas, mas propostas de pauta. As sugestões selecionadas recebem recursos para a produção das reportagens, que devem abordar temas relacionados ao abuso e à exploração sexual de crianças e adolescentes. O nome do prêmio é uma homenagem ao jornalista Tim Lopes, que atuava na Rede Globo de Televisão e foi assassinado em 2002, enquanto produzia uma reportagem sobre a exploração sexual de crianças e adolescentes e o tráfico de drogas no Rio de Janeiro. Mais informações em: <www.andi.org.br>.

é outro ponto que pode aproximar as fontes interessadas da imprensa. Devido aos prazos curtos de fechamento ou mesmo à corrida por veicular uma informação antes da concorrência, os jornalistas veem com bons olhos aqueles que demonstram compreensão com essas necessidades e se mostram mais disponíveis para entrevistas.

No grupo das iniciativas que devem ser vistas com ressalvas, estão, por exemplo, o envio de presentes a repórteres e editores e o pagamento de viagens para apuração de determinadas pautas, o que deve ser analisado com cautela, pois até que ponto o jornalista estaria disposto a produzir uma matéria com tom crítico se todos os custos de viagem são pagos por uma outra instituição, que não o veículo em que ele trabalha? Por outro lado, esse não é um tipo de constrangimento que os próprios contratos publicitários impõem às instituições jornalísticas? Na medida em que, por exemplo, os bancos são os grandes anunciantes de um telejornal, qual é a disposição deste veículo em produzir matérias que possam colocar em xeque a reputação e o papel desempenhado pelas instituições bancárias?

A depender do tema que se deseja inserir na pauta, pode ser muito importante encontrar nas redações repórteres ou editores que sejam sensíveis àquela causa. Devido a trajetórias pessoais, profissionais e mesmo a um compromisso moral, há jornalistas que têm um maior interesse por determinadas questões, o que é muito relevante para os assessores que atuam junto a movimentos sociais, principalmente. Um jornalista que conheça melhor e esteja disposto a defender alguma pauta relativa aos direitos da pessoa com deficiência, por exemplo, pode ser um interlocutor de grande valia dentro das redações.

As redações jornalísticas são identificadas como espaços onde há uma hierarquia bem definida. Desse modo, a palavra final sobre o que entra no noticiário e o que será excluído cabe aos profissionais que ocupam os cargos de chefia, que vão desde os editores até os proprietários da empresa jornalística ou o representante político que está no poder, no caso de veículos estatais.

No entanto, essas relações hierarquizadas não implicam que repórteres assumam uma postura passiva e sejam meros executores de pautas decididas por quem está na direção do veículo. Ao contrário, também é papel dos repórteres propor pautas, que evidentemente sejam coerentes com a linha editorial do veículo. Por isso, é comum ouvir relatos de jornalistas que chegam a trabalhar por meses "às escondidas" na apuração de um assunto que talvez possa render uma boa matéria. Se essa reportagem demandar maior dedicação do jornalista e de outros membros da equipe, aquele que a propõe deve ser muito convincente e conseguir provar que o investimento alcançará um bom retorno. Por meio da proposição de boas pautas, os jornalistas também buscam por maior reconhecimento nas redações e almejam cargos superiores.

No fim das contas, de quem é a agenda?

Depois desse breve percurso, retornamos à pergunta que motivou a elaboração deste texto: de quem é a agenda pública? O cenário que procuramos delinear não deixa dúvidas de que os meios de comunicação de massa e a imprensa como destacamos de modo particular, ocupam um lugar privilegiado na elaboração dessa agenda, o que não significa que sejam os donos dela. As instituições jornalísticas estão inseridas numa teia que enreda relações de diferentes tipos: conflito, cooperação, enfrentamento, troca, barganha, retroalimentação. Diante dessa configuração não faz sentido entender que a premissa de escolher o que ganhará visibilidade compete exclusivamente às organizações jornalísticas.

Parece-nos mais produtivo pensar que a composição da pauta dessa agenda pública acontece em meio a uma série de negociações e, em alguns momentos, pesam até mesmo as contingências, como no caso de grandes catástrofes – para ficar num único exemplo – em que os acontecimentos parecem se impor com bastante força a essa pauta. Além disso, as redações são ambientes constantemente assediados e mostram-se permeáveis a esse assédio. Desse ponto de vista, não parece adequado encarar a construção da agenda pública como um fluxo decisório que se dá de modo unilateral, das redações para o restante do público, mas seria mais produtivo entendê-lo como uma dinâmica recursiva, em que diversos atores concorrem para sua elaboração.

Síntese da questão

Ao reconhecer a importância dos meios de comunicação de massa e, mais especificamente do jornalismo, na definição dos temas que irão compor a agenda pública, é preciso ter cuidado para não incorrer em um erro comum: superestimar o papel desempenhado por essas instituições, atribuindo-lhes um lugar de poder e de centralidade, que não condizem necessariamente com a configuração da sociedade contemporânea. Por isso, nosso esforço se dá no sentido de propor reflexões que contribuam com um entendimento mais matizado sobre a participação dos veículos jornalísticos na construção dessa agenda. Nessa tarefa, procuramos realçar algumas questões que estariam mais afeitas à dinâmica de funcionamento do jornalismo, tais como a importância atribuída aos valores-notícia e as estratégias utilizadas por atores interessados em conquistar um espaço no noticiário.

CAPÍTULO III

Quem vê e ouve tanta notícia?

Flávia da Silva Miranda

Em dezembro de 2005 uma comparação feita pelo apresentador do *Jornal Nacional*, da Rede Globo, William Bonner, gerou polêmica nos meios acadêmico e jornalístico. Quem o *Jornal Nacional* pensa que o telespectador é? E a resposta de Bonner, naquela ocasião, foi: para elaborar o jornal, ele, como editor-geral, pensava que o telespectador médio do programa se assemelhava a Homer Simpson, o patriarca da família Simpson, retratada em animação na TV. Homer Simpson é conhecido por sua barriguinha saliente e por sua carequinha, mas também por ficar sentado no sofá tomando cerveja e comendo rosquinhas. Além disso, seria preguiçoso e teria dificuldades para acompanhar raciocínios muito complexos.

O caso ganhou notoriedade porque foi narrado pelo professor Laurindo Leal Filho para a revista *Carta Capital* e reproduzido no portal *Observatório da Imprensa*. Ele e outros professores tinham sido convidados a conhecer como era feito o *Jornal Nacional*, e Laurindo externou suas críticas em relação à forma como a audiência era tratada nos bastidores de um dos jornais mais assistidos no país. Bonner também se expressou sobre a questão e teve seu discurso reproduzido no *Observatório da Imprensa*. O jornalista discordava da crítica de Laurindo e justificava que o Homer a que se referia era um pai de família cansado pelo trabalho, que chegava em casa à noite e assistia à TV.

A postura de Bonner causou discussões e aponta para concepções que acompanham o fazer jornalístico: quem os periódicos ou programas de TV imaginam que são seus leitores ou sua audiência? A pergunta ajuda a nortear as produções e se relaciona aos leitores ou telespectadores supostos ou construídos pelos veículos de comunicação, mas esse público imaginado é diferente daquele que interage, de fato, com os produtos comunicativos.

Há estudos nos campos da semiótica, da literatura, da linguística e da própria comunicação para indicar como é feita a construção desse leitor, ouvinte ou telespectador suposto, imaginado pelos grupos midiáticos. A construção dessa figura se dá porque seria muito difícil escrever uma notícia para jornal, TV ou rádio com o objetivo de afetar todos os tipos de público, sem fazer distinções.

Um dos autores que contribuiu, no âmbito dos estudos literários, para a percepção de um público suposto é Wolfgang Iser (1996). Ele desenvolveu a ideia de leitor implícito, entendido como papéis ou estratégias contidos nos textos que podem ser assumidos pelo leitor real. O campo da linguística também investiga e propõe concepções a respeito do público suposto e, em análise do discurso, por exemplo, encontramos a definição de destinatário. Ele se define como o sujeito para o qual uma fala ou escrita foi endereçada e não se confunde com o receptor empírico: o destinatário concerne ao sujeito visado discursivamente, ou seja, se constitui como uma construção textual que se põe em relação com um locutor. O destinatário é distinto do sujeito interpretante que, para a análise do discurso, seria o receptor empírico. O sujeito discursivo é antecipado pelo ente real, mas não há possibilidades de prever se os lugares construídos na instância da enunciação serão preenchidos pelos sujeitos reais visados pelo discurso.

Relações entre mídia e públicos supostos

Mantemos, com as organizações midiáticas, relações de proximidade, repulsa, crítica e curiosidade, entre outras. Essa ligação entre veículos de comunicação e públicos imaginados também é estudada em vários campos do conhecimento, como na teoria da enunciação e na análise do discurso. Um dos autores que serve de referência e que lida com a investigação dos enunciados é Eliseo Verón (2004), que propôs a expressão "contrato de leitura" para nomear a relação entre enunciador (a mídia) e o destinatário (os públicos supostos). De acordo com Verón, o enunciador constrói um lugar para si e convida o destinatário a se posicionar de determinada maneira. Segundo o autor, no caso da mídia impressa, o contrato de leitura pode ser evidenciado pela capa, pelas relações texto e imagem, pelos modos de classificação do material redacional, pelos dispositivos de "chamada" (títulos, subtítulos, "chapéus", etc.) e pela diagramação.

É na relação estabelecida entre veículos e públicos imaginados que se situam lugares ou formas como eles se posicionam. Os leitores e não leitores do jornal *Folha de S.Paulo*, por exemplo, sabem, devido a histórias que ouviram sobre e pelos acontecimentos compartilhados, que esse veículo tem preferência por um partido e busca construir as notícias relacionadas a ele de modo positivo. Todos os veículos de comunicação realizam essas construções e propõem lugares a serem ocupados por seus públicos imaginados.

Nos jornais impressos, a maneira como os elementos gráficos, iconográficos e tipográficos são dispostos, aliada ao formato e aos lugares que comportam a leitura (ônibus, sala de estar, escritório, avião, trem, rua), contribuem para definir que espécie de leitor o jornal busca captar, bem como os tipos de mundo ou de lugares de mundo o jornal deseja ocupar e propor que o leitor ocupe.

A adoção de critérios de noticiabilidade pelos veículos de comunicação também indica com qual tipo de público cada um pretende dialogar. Podemos citar os leitores supostos por jornais de referência e jornais populares. De acordo com Márcia Franz Amaral (2006), uma notícia tem mais chances de ser divulgada por um jornal de referência se os indivíduos envolvidos no acontecimento forem importantes socialmente, se o acontecimento tiver impacto sobre a nação, envolver muitas pessoas, gerar desdobramentos, relacionar-se a políticas públicas e puder ser divulgado com exclusividade. Em relação aos jornais populares, Franz indica que um acontecimento tem mais chances de ser pauta caso tenha capacidade de entretenimento, seja próximo geográfica ou culturalmente do leitor, possa ser simplificado, possa ser dramatizado, tenha identificação dos personagens com o leitor e seja útil. Esses critérios, que não são únicos e variam de estudo para estudo, além de orientar o jornalista no momento de produzir seus textos, já que facilitam a visualização do possível leitor, ouvinte ou telespectador.

Assim como nos jornais, os critérios aparecem na produção noticiosa da televisão, do rádio e dos portais. Além de adotar pistas que contribuem para filtrar o que vai aparecer para os públicos, as organizações midiáticas escolhem maneiras de definir os acontecimentos, ou seja, de enquadrá-los. A noção de enquadramento foi bastante desenvolvida por Erving Goffman (2006), segundo o qual o termo se refere a elementos básicos identificados pelos sujeitos para definir uma situação. Em seu artigo "O enquadramento como conceito desafiador à compreensão do jornalismo", Carlos Alberto Carvalho (2009) chama a atenção para os limites e as possibilidades do conceito de enquadramento para o jornalismo. Carvalho se baseia nas contribuições de Goffman (2006), Gaye Tuchman (1978) e Maria João Silveirinha para explicitar quais dimensões são reveladas pelo conceito. Ele ressalta, à luz das considerações de Silveirinha (2005), que o enquadramento se liga a valores ou crenças partilhadas pela sociedade e ajuda a entender o jornalismo como "prática que negocia cotidianamente com os demais atores sociais, inclusive na tentativa de fazer prevalecer pontos de vista" (Carvalho, 2009, p. 8).

Além disso, o autor destaca o caráter mutável dos enquadramentos, que podem se transformar, além de mudanças na vida social.

> Mesmo acontecimentos naturais, como furacões ou enchentes, por exemplo, encontram explicações

> possíveis a partir de quadros de referência marcados por atividades humanossociais, como as interferências sobre o ambiente natural que provocariam, a partir do "efeito estufa", mudanças climáticas e outras alterações que não permitem pensar catástrofes como meras ocorrências do curso regular da natureza. (Carvalho, 2009, p. 9)

Sendo assim, a partir dos enquadramentos, os veículos de comunicação escolhem a forma de construir seus quadros de referência e o compartilham com o leitor imaginado.

Lugares do receptor

Para Maurice Mouillaud (1997), que concentra sua análise em impressos de referência, o jornal comporta duas grandes posturas de leitor: uma em relação ao tempo, outra em relação ao espaço. A postura do leitor no tempo se dá na conduta temporal instaurada pelo jornal e proposta ao sujeito. O tempo é representado cronologicamente nas páginas das publicações, de maneira a ter uma conexão com o tempo vivido pelo leitor no *agora* partilhado naquele dia. Essa representação se dá pela inscrição de dia, mês e ano nas páginas, que faz referência ao fluxo que acompanha a sucessão de dias.

O tempo também é construído pelos relatos do jornal: os relatos procuram instaurar um tempo presente, ainda que o relato diga respeito a algo passado ou futuro. Nesse sentido, Mouillaud (1997) sinaliza que as construções textuais manifestadas pelos títulos se conectam a dois tipos de tempo criados pelo jornal: um que se apoia no horizonte do tempo presente, e outro que se relaciona a um tempo anafórico. O presente é apresentado na ausência de marcadores temporais nos títulos ("África do Sul: Mandela lidera a eleição, Balladur e Chirac apresentam dois projetos econômicos diferentes") ou na intenção de conferir visibilidade a um tempo passado ou futuro, que posicionam o leitor em relação ao presente da leitura ("O preço das terras agrícolas caiu de novo em 1993", "O novo contrato para a escola será tornado público dia 27 de maio"). "O jornal põe na pauta do dia futuros que ainda não ocorreram e passados que estão terminados. Pouco importa o distanciamento dos mesmos no tempo histórico [...]" (Mouillaud, 1997, p. 179).

O tempo anafórico é aquele que aparece desprovido de forma verbal e supõe um conhecimento anterior por parte do leitor. Títulos como "A inspeção dos sítios nucleares da Coréia do Norte" e "As negociações israel-palestinas e o processo de paz no Oriente Médio" são representativos dessa categoria e não apresentam conteúdos informativos, pois lidam com situações genéricas, abertas (como o presente político, social, econômico, cultural esportivo), que remetem a informações que o leitor deveria ter para atribuir sentido àquelas construções. Os títulos anafóricos têm a intenção de instaurar presentes

> [...] cuja temporalidade excede a data do número e que dura por tanto tempo quanto a anáfora (é o privilégio desses enunciados, que são quase assuntos, em poderem ser repetidos de um número a outro. Podem desaparecer da atualidade e reaparecer após longos intervalos, sob a forma: "a explosão do Boeing da TWA", bem após a informação. (Mouillaud, 1997, p. 180)

Além de uma postura em relação ao tempo, o jornal propõe uma relação espacial com o leitor. Mouillaud (1997) caracteriza as páginas dos jornais diários como um território ou um mapa, onde cabe ao leitor se localizar e se situar. Esse terreno não é homogêneo, e as fissuras, os desníveis são mostrados por meio da disposição dos elementos nas páginas, bem como das aproximações e dos distanciamentos que o jornal promove para posicionar o leitor. As seções "Internacional" e "Política" ilustram esses movimentos, pois oferecem ao leitor perspectivas de mundo a partir de um ponto de vista – o do jornal – além de permitir que o sujeito seja levado para outros territórios (no caso da editoria de "Internacional"), que são postos um ao lado ou abaixo do outro, criando relações entre si e propondo relações com o olho do leitor; e seja transportado de volta ao seu país no momento da leitura da seção de "Política", que faz referência ao contexto nacional. "O jornal não aparece mais, apenas, como uma superfície plana, mas como um espaço em profundidade que joga com o próximo e o longínquo" (Mouillaud, 1997, p. 209).

Para Márcia Franz Amaral (2006), o jornal de referência é baseado na matriz racional-iluminista, que propõe ao leitor um mundo político-econômico a ser visto nas páginas dos periódicos. Esse leitor é construído como alguém interessado em informações sobre o mundo público, capaz de fazer correlações entre os dados disponibilizados e de entender as articulações históricas feitas no interior dos relatos, bem como o impacto ou as afetações que os acontecimentos recortados podem ter na vida pública.

Em seu estudo sobre o jornal popular *Diário Gaúcho*, Amaral (2006) analisou quais os lugares de fala disponíveis para os leitores dos jornais e selecionou as seções nas quais os leitores eram convidados a se inserir concretamente, pelo envio de fotografias, cartas, poesias, pedidos para realização de sonhos ou necessidades básicas, reclamações, entre outras possibilidades. Em suas conclusões, a autora encontrou cinco posicionamentos para os leitores do *Diário Gaúcho*. No jornal, os sujeitos são representados como 1) sem interlocução com os poderes instituídos; 2) necessitados de prestação de serviço e de assistência social e potencial beneficiário das ações da empresa jornalística; 3) consumidores das ações autorreferentes da mídia que envolvem promoções, brindes e entretenimento; 4) fascinados com a visibilidade de seu mundo privado e de seus gostos (gosto popular de contar histórias, interesse pelos dramas do reconhecimento, visão encantada de mundo); e 5) desinteressados na explicação de fatos de interesse público, despolitizados e, na maioria das vezes, desligados de movimentos sociais.

E o leitor de carne e osso, onde está?

Exemplificamos como as empresas jornalísticas elaboram seus produtos, levando as empresas em consideração o leitor, o ouvinte ou o telespectador imaginado. Entretanto, será que em algum momento essas organizações fazem contato com o público empírico ou real, o leitor que manuseia as folhas de impresso ou se posta diante da TV para ver seu jornal favorito? O sujeito empírico é alcançado pelas organizações jornalísticas por meio de pesquisas, geralmente para verificar como vai a aceitação de suas produções ou para investir em algum nicho de mercado não explorado. Também é comum institutos de pesquisas medirem a popularidade de determinados meios, como portais, jornais e televisões, instigados ou não pelos veículos de comunicação. A curiosidade a respeito do futuro do jornal, em muitas ocasiões dado como destinado ao limbo devido à concorrência com outros meios, suscita várias pesquisas empíricas.

Um estudo de Lourival Sant'Anna (2008) sinaliza que os leitores dedicam menos tempo à leitura de jornais na contemporaneidade. Além disso, indica que a informação em tempo real na internet e no rádio, os programas noticiosos e os documentários nas TVs a cabo, bem como a melhoria na qualidade gráfica e textual nas revistas semanais fizeram com que os jornais perdessem leitores nos últimos cinco anos no Brasil. Conforme a pesquisa de Sant'Anna, em 2001, o Instituto Marplan realizou um levantamento que apontou que 31% dos entrevistados liam jornal às segundas-feiras, 30% de terça a sábado e 36% aos domingos. Em 2003, os números caíram para 25%, 25% e 30%, respectivamente.

Sant'Anna (2008) também ressalta que os sujeitos acessam diferentes meios de comunicação para se informarem e essa relação deve ser considerada nas explicações para a diminuição na circulação e na leitura de jornais impressos. O autor pondera que algumas características do periódico contribuem para manter as vendas e outras, aliadas às dificuldades econômicas e mudanças de hábito dos consumidores brasileiros, revelam os motivos da baixa procura pelo meio em comparação com outros veículos de comunicação. O argumento é desenvolvido a partir de um levantamento realizado por um instituto de pesquisa na cidade de São Paulo, em 2003. A pesquisa contou com a realização de 13 grupos focais divididos por sexo, faixa de renda (classes A e B+), faixa etária e pelo meio que mais usava para se informar. Após as conversas com o público selecionado, o instituto resumiu as vantagens do jornal impresso: (a) aprofunda as notícias e detalha aspectos que os demais meios não fazem; (b) é investigativo; (c) auxilia o leitor a formar opinião, a ter uma visão mais crítica da realidade; (d) conta com articulistas renomados; (e) deixa claro quem é a fonte de informação; (f) transmite mais credibilidade; (g) é portátil. Como desvantagens, os entrevistados citaram: (a) o tamanho e o formato, desconfortável de manusear; (b) a impressão de baixa qualidade, com algumas fotos sem nitidez, e em papel que permite soltar tinta nas mãos; (c) a tipologia, considerada ultrapassada e que dificultaria a leitura; (d) a linguagem de alguns jornais, rebuscada e difícil de entender; (e) e ligação a correntes ideológicas de direita ou de esquerda.

Os números analisados por Sant'Anna (2008) indicam a importância de o receptor concreto ser levado em consideração para a avaliação de produtos comunicativos, pois é ouvindo o leitor, o telespectador ou o ouvinte que as empresas têm chances de se aproximar da empiria e tensionar os públicos construídos discursivamente pelos dispositivos midiáticos.

Síntese da questão

O leitor, o telespectador ou o ouvinte imaginado e concreto são figuras que orientam o trabalho jornalístico. Pensar no sujeito suposto ou construído discursivamente abre o horizonte para reflexões a respeito de como o público é visto pelas empresas jornalísticas e que tipos de lugares ele é convidado a ocupar. É o lugar do assistencialismo? Do entretenimento? Da relação com o âmbito político? Se o leitor, o ouvinte ou o telespectador ocupa ou não essas e outras posições propostas, não há como perceber apenas pelo contato com o discurso do produto midiático. É necessário interpelar o sujeito concreto para saber. Na interação com o empírico, há possibilidade de os rumos do contrato entre organizações e públicos serem revistos e de se conhecer como o sujeito lida com o que é dado a ver pela mídia.

CAPÍTULO IV

O jornalista é um profissional que anda por linhas tortas?

Humberto Santos

Fevereiro de 2012. A Polícia Federal põe em prática a operação "Monte Carlo" para colher provas materiais das ramificações criminosas do bicheiro Carlinhos Cachoeira com governos e políticos. A imprensa, farejando a magnitude do caso, acompanhou de perto o trabalho dos promotores e dos policiais em busca de novos dados e, até mesmo, de informações que pudessem trazer à tona outros envolvidos. E elas apareceram. Não da maneira esperada. Fontes ligadas à investigação vazaram áudios de conversas do contraventor Carlinhos Cachoeira com o diretor da sucursal de *Veja* em Brasília, Policarpo Jr.

Nas conversas - publicadas pela revista *Carta Capital*, concorrente de *Veja* - Cachoeira demonstra ter certa influência sobre o que o jornalista publicava ou não, bem como fornecia informações ao profissional, grampos ilegais e dados que, se transformados em matérias para a publicação semanal, eram convenientes para os interesses da quadrilha.

O caso motiva reflexão sobre ética jornalística, além de permitir abordar outros meandros da profissão como a relação com as fontes, apuração, *on/off*, política editorial, regulamentação da profissão. Aliás, a imagem de um bom profissional ganha abrigo debaixo do guarda-chuva da ética jornalística.

Lá também ficam abrigadas a seriedade, a responsabilidade e a competência. Bastaria ser um jornalista ético que a chancela de bom profissional viria junto? Na teoria, sim, mas na prática a questão é muito mais complexa.

Meandros profissionais

No dicionário Houaiss (2009) profissionalismo é "caráter do que é profissional" (modo de ser de uma determinada atividade) e também "procedimento característico dos bons profissionais (seriedade, competência, responsabilidade, etc.)". Embora tente ser universal, tal definição de profissionalismo encontra um paralelo com os preceitos comumente disseminados como necessários à atividade jornalística. O senso comum aponta como um bom profissional aquele jornalista que busque a verdade,[1] é imparcial, independente, neutro, objetivo e que ouça os "dois lados".

Em *Sociologia do jornalismo*, Érik Néveu (2006) aponta para as condições que uma profissão qualquer seja considerada como tal: o acesso formal à atividade (diploma), uma ética e cultura comum aos seus praticantes, e a formação de uma comunidade. Analisando o jornalismo francês, Neveu deixa claro que tais condições são, no mínimo, ambíguas. Naquele país, para o profissional receber o registro de jornalista, não é preciso confirmar a formação específica. Ele argumenta que, com a intensa divisão das tarefas, a grande especialização da atividade não contribui para constituir uma comunidade profissional.

Para o autor, a visão compartilhada pelos jornalistas que cumprem uma missão ao informar à sociedade dá liga a essa cultura comum. Até mesmo a visão do jornalismo como um vício (quem nunca ouviu falar que jornalismo é igual cachaça?) reforça essa tese. Entretanto, Neveu (2006) aponta para os limites dessa cultura comum, seja pela fragmentação do meio

[1] O conceito de verdade no jornalismo suscita muitas discussões. Basta dizer de que o termo não pode ser entendido de forma absoluta. Para aprofundar no conceito e ampliar o entendimento sobre o termo, sugerimos a leitura de Gomes (2009).

profissional, seja pela falta de punição efetiva aos jornalistas que não cumprem as normas de um código deontológico. A análise é do jornalismo francês, mas qual é a diferença para o jornalismo praticado no Brasil?

Até o conceito de objetividade - discutido amplamente nas teorias do jornalismo - ganha significado como sinônimo de profissionalismo no Brasil. Antigamente, do início do século XX até a década de 1980, era jornalista a pessoa que escrevia bem. Se tivesse uma boa formação, melhor ainda. O profissional era visto como um intelectual. O jornalista como o profissional liberal que corre atrás das notícias pode ser a imagem mais comum que se tem da profissão hoje, mas a profissão tem outras atividades além daquelas exercidas nas redações: nas assessorias, no terceiro setor.

Regras do jogo

A regulamentação da profissão no Brasil é feita por leis bem antigas. O Decreto-Lei nº 932/1938, editado pelo presidente Getúlio Vargas, define o profissional como o "trabalhador intelectual cuja função se estende desde a busca de informações até à redação de notícias e artigos e à organização, orientação e direção desse trabalho". A Consolidação das Leis do Trabalho (CLT), de 1943, incorpora essa definição e regulamenta a jornada de trabalho. Vargas ainda editou outro decreto instituindo o primeiro curso de jornalismo no país (5480/1943).

O Decreto-Lei nº 972/1969 e o Decreto nº 83.284/1979, editados durante o período da ditadura militar, estipulam as funções dos jornalistas, a remuneração e os requisitos necessários para se obter o registro profissional, como a folha corrida e o diploma - exigência que foi derrubada pelo Supremo Tribunal Federal em 2009.[2] Nenhuma das três normas estipula a conduta ideal (ou esperada) de um bom profissional.

[2] O Supremo entendeu que são inconstitucionais a exigência do diploma de jornalismo e o registro profissional no Ministério do Trabalho como condição

Na falta de um norte dessa conduta profissional, os próprios profissionais tentaram preencher a lacuna. Em 1986, durante o XXI Congresso dos Jornalistas de São Paulo, foi elaborado o Código de Ética do Jornalista Brasileiro. As normas contidas nesse código passaram por uma revisão 21 anos depois, em 2007.

O documento foi elaborado naquela época, com o objetivo de criar uma regulamentação da profissão de jornalista mais próxima da realidade, já que as regras editadas pelo governo militar apenas delimitavam as áreas de atuação dos profissionais. No texto são abordados temas como a conduta e a responsabilidade profissional, o direito à informação, inerente aos cidadãos brasileiros, as situações de aplicação dos seus princípios e as punições às possíveis transgressões que venham a ocorrer.

O capítulo II do Código de Ética é destinado à conduta profissional do jornalista, cujo "compromisso fundamental é com a verdade no relato dos fatos", devendo "pautar seu trabalho na precisa apuração dos acontecimentos e na sua correta divulgação".

Imagine-se uma situação hipotética: servidores públicos entram em greve e em negociação com o governo, batem o pé e arrastam as negociações e a paralisação por três meses. A suspensão das atividades é prejudicial à imagem do governo, que não quer ceder às exigências dos grevistas. Como reverter a situação? Como grande anunciante, o governo pressiona os veículos de comunicação a cobrir a greve sob outro ponto de vista: dos prejuízos causados pela paralisação. Nada de destaque aos grevistas e toda a atenção aos esforços do governo em negociar e encerrar a greve. Grevistas só como vilões da população.

Nesse caso, como cumprir o código e o preceito básico da profissão? Frequentemente os jornalistas recebem ordens de seus

---

para o exercício da profissão de jornalista. Essa decisão ocorreu na análise de recurso do Ministério Público Federal (MPF) e do Sindicato das Empresas de Rádio e Televisão do Estado de São Paulo (Sertesp). O MPF e a entidade patronal questionavam a decisão dada pelo Tribunal Regional Federal da 3ª Região, que mantinha a necessidade do diploma. No recurso, o MPF e o Sertesp sustentaram que o Decreto-Lei nº 972/69, que estabelece as regras para exercício da profissão – inclusive o diploma –, não era compatível com a Constituição de 1988. Essa argumentação foi aceita pela maioria dos ministros do Supremo.

superiores, que quando executadas, desrespeitam o código de ética da profissão. Tais ordens podem partir dos proprietários dos veículos, dos diretores e até mesmo de outros jornalistas que, no poder, transformam as publicações que comandam em espelho dos seus pontos de vistas e preconceitos. Como o profissional denuncia isso? Para quem? Nessas situações, o instinto de sobrevivência, as contas a pagar falam mais alto, e poucos denunciam, preferindo mudar de veículo na esperança de encontrar condutores mais coerentes. Às vezes encontram, outras não. Se o código é desrespeitado diariamente, sua existência é mera formalidade?

Marcenaria diária

O jornalista Eugênio Bucci, em *Sobre ética e imprensa* (2004) faz uma análise da questão ética nos veículos de comunicação. "Pretender que as redações possam ser ilhas de éticas dentro de empresas que realizam operações escusas, ou dentro de sociedades em que as instituições democráticas sejam precárias, é o mesmo que apostar na boa medicina dentro de um hospital que compra remédios falsificados" (Bucci, 2004, p. 25).

Bucci (2004) defende uma ética própria para os jornalistas baseada na "práxis". Para ele, mais que um receituário de normas, é um "sistema com uma lógica própria. [...] É um modo de pensar que, aplicado ao jornalismo, dá forma aos impasses que requerem decisões individuais e sugere equações para resolvê-los" (Bucci, 2004, p. 15). Ou seja, a ética jornalística se baseia nas discussões filosóficas sobre ética para enfrentar os dilemas cotidianos. O autor defende ainda que a ética jornalística só é plena quando as premissas da liberdade de imprensa estão asseguradas na sociedade.

Jornalista forjado pelo trabalho de mais de 50 anos nas redações, Cláudio Abramo (1988) não concordava com o termo "ética jornalística". Para ele, a ética de qualquer profissão é a mesma, por isso a famosa comparação do jornalismo com a marcenaria. "Minha ética como marceneiro é igual à minha ética como jornalista – não tenho duas. Não existe uma ética específica do jornalista, sua ética é a mesma do cidadão.", escreveu em ensaio depois publicado no livro póstumo *A regra do jogo* (1988).

Autodidata nos estudos, Abramo acreditava que os jornalistas são iguais aos cidadãos, por isso os profissionais teriam as mesmas obrigações morais e éticas de uma pessoa comum. Para ele, jornalismo não era uma profissão e sim uma carreira.

> O papel do jornalista é o de qualquer cidadão patriota, isto é, defender seu povo, defender certas posições, contar as coisas como elas ocorrem com o mínimo de preconceito pessoal ou ideológico, sem ter preconceito de não ter preconceitos. O jornalista deve ser aquele que conta a terceiros, de maneira inteligível, o que acabou de ver e ouvir. (Abramo, 1988, p. 110)

Será que o patriotismo é o melhor caminho para orientar a conduta de um profissional? Em 1961, o jornal *The New York Times* descobriu que o governo do presidente norte-americano John F. Kennedy apoiaria uma invasão de dissidentes em Cuba. O objetivo era derrubar o governo comunista de Fidel Castro. Kennedy pediu ao jornal para não divulgar a operação, para não atrapalhá-la. A publicação atendeu o pedido do presidente. O episódio ficou conhecido como "invasão à Baía dos Porcos".

Na época, predominava a tensão geopolítica mundial da Guerra Fria, e um ataque aos cubanos poderia desencadear um revide dos seus aliados comunistas, à então União Soviética. Tal reação poderia ser o início da terceira guerra mundial. A operação foi um fracasso. Os aviões americanos não conseguiram incapacitar a força aérea cubana, e os dissidentes eram em número infinitamente inferior do que as forças de Castro. Após os incidentes, tanto Kennedy quanto o *The New York Times* chegaram à conclusão de que a publicação do fato poderia ter evitado sua execução. Extrapolando, seria patriotismo cobrir a greve dos servidores públicos atendendo as orientações do governo?

No cotidiano profissional, principalmente nas redações dos veículos impressos, espera-se que os focas saiam "prontos" da universidade, dominando todo o processo de apuração e redação, e saibam desenvolver qualquer pauta que lhes seja entregue. Partindo dessa situação e dos exemplos, qual seria o papel da universidade na formação dos futuros jornalistas? E do local de trabalho?

Bucci (2004) defende que os valores e princípios do jornalismo se sedimentam pelos costumes. Segundo ele, a vantagem dos códigos de ética é deixar claras as regras, mas eles "não fabricam bom jornalismo". Crítico da forma como os jornalistas brasileiros elaboraram seu guia de conduta profissional, o também jornalista e professor luso-brasileiro Manuel Carlos Chaparro (2007), por sua vez, argumenta que no Brasil confundem ética com deontologia. Em textos publicados em seu blog na internet, o professor (2004) sustenta que ética é valor, se expressa em ideais e razões; já deontologia é norma, deveres. Ele explica que o termo é pouco utilizado no Brasil, mas é de uso comum em outros países de língua portuguesa e na Europa como tratado dos deveres profissionais.

O professor aponta que entre "código de ética" e "código deontológico" parece haver apenas uma diferença de nomenclatura, mas não é assim. A diferença é que o conceito de ética é mais profundo. Chaparro explica a diferença em uma entrevista para a revista *Comunicação Empresarial:*

> Há uma obscura confusão entre ética e deontologia, entre ética e moral. O jornalista não pode ter uma ética diferente da do médico ou do sapateiro. Somos integrantes da mesma sociedade, que se define pela clareza dos seus objetivos. E, em função desses objetivos estabelece valores, princípios e normas universais. Cada profissão, cada pessoa, deve adequar a sua atividade à realização dos objetivos fundamentais da sociedade a que pertence, lutando, por exemplo, pelo primado da lei e pela afirmação dos direitos fundamentais da pessoa humana. Aí está a instância da ética, e nisso, ela tende a ser universal. A deontologia está na instância da moral e tende a ser particular, ocupando-se dos comportamentos profissionais, para os controlar e julgar. (Chaparro, 2007)

Partindo dessas leituras, o seguinte diálogo do diretor da sucursal de *Veja* em Brasília, Policarpo Jr., com o bicheiro Carlinhos Cachoeira teria interpretações diferentes.

> Policarpo: É o seguinte, não, eu queria te pedir uma dica, você pode falar?
>
> Cachoeira: Pode falar
>
> Policarpo: Como é que eu levanto umas ligações aí do Jovair Arantes, deputado?
>
> Cachoeira: Vamos ver, uai. Pra quando, que dia?
>
> Policarpo: De imediato, com a turma da Conab.

A conversa foi gravada pela Polícia Federal em 26 de julho de 2011, ao grampear os telefones de Cachoeira com autorização judicial. No diálogo, Policarpo pede ao contraventor que grampeie ilegalmente os telefones de um deputado da base da presidente Dilma Rousseff. A conversa entre os dois só veio a público mais de um ano depois, em agosto de 2012. Nesse meio-tempo, o deputado Jovair Arantes foi grampeado, e a *Veja* fez matérias com as informações interceptadas. As reportagens causaram mudanças no governo federal.

No site de *Veja*, o colunista Ricardo Setti, republicou matéria da própria revista, de março de 2012, com outros diálogos de Cachoeira com Policarpo Jr., para mostrar que a relação entre os dois era apenas de jornalista e fonte. Em um dos trechos da conversa, Cachoeira diz para um de seus comparsas: "Nós temos de ter jornalista na mão, ô Jairo. Nós temos que ter jornalista. O Policarpo nunca vai ser nosso. A gente vai estar sempre trabalhando para ele, e ele nunca traz um negócio", diz na gravação feita pela Polícia Federal.

Em outro trecho da conversa, o contraventor admite que vai pedir ao jornalista para fazer uma matéria interessante para o grupo. "Eu quero que ele (Policarpo Jr.) faça uma reportagem de um cara que está matando a pau aqui, eu quero que eles façam uma reportagem da educação, sabe, um puta de um projeto de educação aqui", diz ao comparsa. Setti utiliza esses trechos da conversa para provar que o diretor da sucursal de *Veja* em

Brasília estava apenas fazendo seu trabalho ao levantar informações com Cachoeira.

A linha argumentativa da defesa de Policarpo Jr. é que os jornalistas obtêm informações de fontes variadas, inclusive de criminosos. Mas desconsidera que o jornalista pediu ao contraventor para infringir a lei para fazer uma matéria. Pela legislação brasileira, apenas a Justiça pode autorizar esse tipo de gravação, e com uma boa justificativa.

No trabalho cotidiano, o jornalista lida com todo tipo de pessoa, mas é preciso deixar claros os limites da atuação profissional. Imagine um jornalista político setorizado na cobertura do Legislativo – Câmara Municipal ou Assembleia Legislativa – e que, para obter informações sobre os bastidores, faz amizade com os parlamentares. O jornalista recebe informações em *off*, que resultam em furos. Até aí tudo bem, mas quando ocorre alguma denúncia contra o parlamentar, ele recorre ao "amigo" jornalista e pede para não divulgar o caso, relembra todas as boas informações que passou e cobra por elas. O que fazer? Atender o pedido do "amigo" ou divulgar a informação porque ela é de interesse público?

Quando uma fonte divulga uma informação restrita, ela quer que aquilo seja publicizado. De alguma forma, a divulgação vai beneficiá-la. Nesse momento, o jornalista tem que avaliar se o dado é de interesse público, ou se interessa apenas a quem o divulga. Se for caso de publicação, o profissional precisa deixar claro que a informação tem relevância pública e que não está a serviço da fonte.

Outro olhar

Por causa da pouca efetividade prática do Código de Ética, o professor da Universidade Federal Fluminense (UFF) Afonso de Albuquerque (2006) desenvolve outra visão do profissionalismo para jornalistas, a partir da argumentação da americana Barbie Zelizer. Essa pesquisadora argumenta que o jornalismo é um campo profissional pouco estruturado. Para a autora, a baixa sindicalização, a pouca influência dos códigos de ética, e a conduta profissional e a ausência de formação específica para desenvolver a atividade criam esse campo pouco estruturado. Zelizer propõe analisar o jornalismo a partir da dimensão cultural da atividade – os jornalistas formariam uma espécie de "comunidade interpretativa", "porta-vozes dos eventos da vida real". Tendo em vista o que diz Zelizer, Albuquerque desenvolve a ideia de que a regulamentação da atividade pelo governo militar e a exigência do diploma de curso superior forjaram uma classe mais preocupada com seus interesses do que com a própria identidade.

> [...] o decreto-lei nº 972 teve um impacto significativo sobre o processo de construção da identidade jornalística por diferentes motivos: 1. ao relacionar a identidade de jornalista à posse do diploma em curso de graduação específico, ele enfraqueceu os vínculos entre essa identidade e a prática jornalística concreta; 2. ao caracterizar uma gama extremamente variada de atividades como sendo de natureza jornalística, abrangendo inclusive atividades realizadas no âmbito de organizações não-jornalísticas, ele esgarçou de tal forma o conceito de jornalismo que se tornou quase impossível estabelecer parâmetros de conduta comuns ao conjunto das atividades definidas como jornalísticas; 3. este problema foi agravado pela proliferação de cursos universitários de jornalismo, a qual foi estimulada pelo decreto-lei nº 972. O volume de graduados em jornalismo logo se tornou muito superior ao que as organizações jornalísticas *stricto sensu* poderiam absorver. Assim, um número crescente de profissionais passou a exercer atividades que, embora de natureza bastante diversa das realizadas no âmbito daquelas organizações, eram chanceladas por lei como tendo caráter jornalístico. 4. o estabelecimento de uma reserva de mercado legal serviu como fator de inibição de um papel mais ativo das associações profissionais no debate sobre a identidade profissional. Visto que o diploma permitia aos jornalistas reivindicar o

> monopólio legal do exercício de diversas atividades, tornou-se pouco interessante para as associações profissionais promover definições mais restritivas sobre o jornalismo, pois isso implicaria em marginalizar uma grande parcela dos associados. Deste modo, os sindicatos de jornalistas priorizaram os interesses corporativos da classe, ao invés de o papel de referencial do processo coletivo de construção da identidade jornalística. (ALBUQUERQUE, 2006, p. 14-15)

A análise do professor Afonso de Albuquerque é interessante, pois a impressão que se tem nas redações é de uma saudade, por parte dos profissionais mais experientes – com mais de 20 anos de profissão, do jornalismo dito romântico, no qual a vida do repórter era a notícia. As dificuldades em obter uma informação, um furo, davam gosto especial às matérias e justificavam o estilo de vida desregrado, sem horários e com apenas um compromisso: a novidade. Esse estilo de vida, quer dizer, profissional, designava a atividade dos jornalistas no país desde o início do século XX[3] e foi perdendo força justamente com três atos da ditadura militar: a regulamentação da profissão, a censura e a perseguição aos profissionais que lutavam pela liberdade de expressão, perdida com o militares no poder.

Vale lembrar que essa visão romântica limita a atividade profissional apenas aos jornalistas de redações, principalmente de jornais. Não leva em consideração os profissionais que trabalham na produção das emissoras de rádio e televisão, muito menos os jornalistas que trabalham em assessoria nem os que atuam nas mídias da internet (sites, blogs, redes sociais.). Aliás, a visão de valorar o profissional de antigamente, que corria (literalmente) atrás da notícia contrasta com a profissionalização

[3] *Minha razão de viver*, de Samuel Wainer, *Chatô - o rei do Brasil*, de Fernando Morais, e *Notícias do planalto*, de Mário Sérgio Conti, são três livros que trazem com detalhes a rotina e os bastidores da imprensa brasileira em importantes períodos históricos. Os dois primeiros cobrem o período entre 1910 e 1970, e o terceiro cobre, exclusivamente, a postura da imprensa durante do primeiro presidente eleito pelo voto direto dos cidadãos – Fernando Collor de Melo. Há relatos que contrariam qualquer código de ética profissional.

das assessorias de imprensa, em que jornalistas e relações públicas começaram a perceber que, se fornecessem informações objetivas e dados concretos em seus *releases*, aumentariam as chances de vê-los publicizados.

Daí a saudade do período romântico, de sair da redação para obter as informações com o próprio esforço. Com as assessorias, muitas das pautas já chegam praticamente prontas aos veículos, faltando apenas uma ou outra informação, o tratamento editorial do veículo ou personagem – embora algumas assessorias indiquem até mesmo os personagens. Tamanha facilidade leva a um "corpo mole" de alguns profissionais. Já ouvi um colega dizer que tinha uma pauta fácil, era só pegar o *release* e acertar na página, sem pensar em ampliar a pauta ou verificar se havia algo além daquelas informações cuidadosamente divulgadas que pudesse também vir à tona. Será que, já que esse material é tão completo assim, seria preciso jornalistas para apurar as matérias? Não seria mais fácil ter só editores para colocar os *releases* nas páginas?

Junte-se ao fato de os jornalistas estarem mais preocupados com seus interesses do que a própria identidade profissional com o processo de transformar as matérias em relatos mais objetivos e menos "pessoais" e teremos uma estratégia dos donos de veículos de comunicação de manter os jornalistas sem identidade profissional. Pelo menos é o que defende a professora da UFF, Sylvia Moretzsohn (2007). Para ela, os proprietários de veículos cobram "objetividade" de seus jornalistas. O termo seria utilizado como sinônimo de profissionalismo.

Moretzsohn (2012) argumenta que os patrões exigem "objetividade" com a justificativa de praticar o jornalismo imparcial, equilibrado e neutro, deixando para o leitor a tarefa de fazer sua própria avaliação daquele conteúdo. Para a professora, a justificativa serve para mascarar outro interesse das empresas. Em sua argumentação, ao exigirem objetividade dos profissionais (e vincularem isso à competência), os patrões retiram da atividade jornalística todo o seu caráter político.

> O profissionalismo é uma palavra-de-ordem do empresariado, amparado no discurso vitorioso da

> técnica, que encobre as relações de poder e "justifica" a manipulação sutil; em segundo, porque a notícia cada vez mais é assumida como mercadoria. Esse pensamento vem conquistando os jovens que ingressam na profissão, não importa se pela eficácia do discurso ou pela percepção de que não aceitá-lo é praticamente condenar-se ao desemprego. (Moretzsohn, 2012)

Moretzsohn (2012) argumenta que no início dos anos 1980, a *Folha de S.Paulo* valorizava o olhar, a subjetividade dos repórteres nos textos – o auge seria atingido quando o jornal entrou na campanha pelas eleições diretas para presidente. Porém, após o fim da campanha e com a implantação de novo projeto gráfico, e do manual de redação, com várias padronizações, o resultado foi a demissão dos profissionais que não se enquadraram no ritual da objetividade.

Atualmente vivemos um paradoxo nas redações: há uma valorização do profissional mais autoral, com texto mais trabalhado e que saiba conjugar o valor da informação com a objetividade, sabendo narrar o fato com o destaque que merece. Entretanto, isso só é possível em matérias nas quais o conteúdo não vai atrapalhar os interesses de "amigos/aliados eventuais" do veículo. É comum reforçarem o pedido por "isenção", "objetividade", para temas que prejudicam pessoas ligadas ao poder. Nessas matérias, nada de subjetividade ou entrelinhas; só os fatos crus. Às vezes, nem eles.

Para esse ponto de vista em particular, ambíguo e sujeito a humores alheios aos profissionais que estão na ponta do trabalho, como seriam as relações com as fontes? Como estabelecer uma relação de confiança com um delegado ou promotor, obter um inquérito em *off* e não poder divulgar por que o veículo não quer se indispor com alguém? Qual seria a política editorial de um veículo com essas relações que não são claras? Será que o leitor/telespectador/ouvinte consegue perceber quando uma mídia não veicula uma informação ou o faz com pouquíssimo destaque, mesmo quando o assunto tem relevância pública? Quem protege os profissionais das chefias e os donos dos veículos? Como caracterizar a censura, se as ordens são verbais, expelidas em salas fechadas, sem testemunhas ou por telefone? A regulamentação da profissão dá conta de tudo isso?

Com todas essas limitações ainda tenho que fazer curso superior para ser um profissional? Talvez a pergunta esteja formulada de forma errada. O ponto de partida tem que ser outra inquietação: como a formação superior ajuda a lidar, conviver e superar todas essas limitações? Pense nisso.

Síntese da questão

Os jornalistas têm um campo amplo de trabalho para exercer sua atividade, porém a visão de como eles podem ser profissionais ou atuar com profissionalismo não é única. Essa visão tem clivagens éticas e ideológicas que denotam a ausência de uma identidade comum e expõe o sentimento de cada um por si. Até mesmo a regulamentação da atividade não consegue consolidar esse caráter profissional do jornalista. Refletir sobre a profissionalização do jornalismo antes de estar no trabalho permite avaliar o percurso e dá oportunidade de uma correção de rota quando detectar problemas.

PARTE 2

As notícias

CAPÍTULO V

O que é a informação?

Nuno Manna

Depois de mais de sete milhões de anos trabalhando, o supercomputador construído para responder à questão fundamental sobre a vida, o universo e tudo mais chegou ao seu fatídico resultado. A resposta para a questão fundamental sobre a vida, o universo e tudo mais era... O tão aguardado momento para todos os seres da galáxia foi totalmente frustrante. A informação gerada pelo computador não poderia ser mais clara e precisa. Não previram, no entanto, que a pergunta que ela deveria responder não era tanto. Para descobrir qual era a tal pergunta fundamental que tinha 42 como resposta, seria preciso de mais dez milhões de anos do trabalho de um computador ainda maior e mais potente.

A fábula retirada da série *Guia do mochileiro das galáxias* (2004), de Douglas Adams, pode ser vista como uma mera anedota irônica de humor inglês, mas pode revelar muito sobre a incessante busca do ser humano por informações que guiem sua jornada pela vida. Pode servir particularmente para iluminar algo que provavelmente não estava no escopo de Adams: a compreensão da informação jornalística. Estamos o tempo todo buscando sentido para nossa vida nas notícias oferecidas por essa instituição que chamou para si a responsabilidade de nos informar sobre o nosso mundo, ainda que cotidianamente estejamos preocupados com questões tão amplas e fundamentais quanto aquelas buscadas pelos integrantes da jornada intergaláctica dos personagens de Adams: "De onde viemos? Por que estamos aqui? Para onde vamos? Onde vamos almoçar hoje?" (Greive, 2004).

Cotidianamente não nos voltamos para superinteligências artificiais para nos informarmos. Abrimos um jornal, ligamos a TV, acessamos um portal de notícias porque aceitamos, em maior ou menor medida, ser informados por narrativas que garantem ter "compromisso com a informação". No entanto, é curioso pensar que, ainda que a informação seja a razão da existência do jornalismo, uma pergunta como a colocada no título desse texto pode parecer tão inconveniente ao jornalista.

A prática jornalística preocupa-se o tempo todo com a procura de informação, com a seleção e o tratamento daquela que seja informação mais precisa e mais impactante. Mas levantar a questão sobre o que é a informação é como jogar uma pedra na engrenagem da máquina que mantém em incessante e constante movimento a rotina jornalística. E é para tanto. Tal indagação é tão importante e perturbadora porque incide, em efeito dominó, sobre uma série de outras certezas tácitas do jornalista: o que é fato, o que é verdade, o que é realidade.

No entanto, ainda que a questão não seja enfrentada, ela se faz presente de forma pulsante a cada passo dado pelo jornalista, a cada pauta, cada apuração, cada matéria. Questionar-se sobre o que é informação é justamente a gênese fundamental do fazer jornalístico, é o que move o saber jornalístico.

Desnaturalizar a informação

Grande parte da retórica jornalística até hoje parece se amparar por uma lógica transmissiva da informação. O jornalismo como janela para o mundo. No entanto, é preciso marcar de partida que as notícias não nos informam *sobre* algo, mas nos informam *algo*. A ilusão de que o jornalismo é mero canal de acesso sempre serviu para que ele se firmasse como instituição de credibilidade, profissionalismo e isenção, como se a boa narrativa jornalística fosse aquela que mais fielmente e completamente reproduzisse, representasse, descortinasse o mundo em suas notícias.

Quando dizemos que o jornalismo informa algo, chamamos atenção para o caráter criador necessariamente implicado no ato de informar. Se compreendemos que informar significa dar forma a algo, a informação seria o produto dessa operação: uma figura de visibilidade. Quando dizemos que a informação instaura uma visualidade estamos, é claro, nos remetendo a uma noção imagética ampla, possibilitada inclusive por textos verbais ou sonoros. Essa figura, aglutinação de significações a serem compartilhadas, não é espelho da realidade, mas um construto, uma organização de relações forjadas pela ação jornalística e que passam a existir *na* e *por causa da* informação.

Quando apontamos para a dimensão performativa da informação jornalística, de que ela realiza algo, e dizemos que ela *a*presenta *um* mundo, em vez de *re*presentar *o* mundo, não estamos questionando a validade da informação. Dizer que o jornalismo está forjando relações ao informar não significa dizer que suas informações são arbitrárias, manipulatórias ou que não há diferenças de status entre o documental e o ficcional. Mas significa, sim, que a narrativa jornalística é protagonista nessa inform*ação*, que ela está inserida em uma dinâmica comunicacional e em uma relação com a realidade de maneira muito mais complexa do que os ingênuos (ou mesmo convenientes) modelos transmissivos conseguem mapear.

Tal caráter construtivo da atuação do jornalista sobre a informação fica evidente quando o próprio jornalista assume a função de "fonte de informação" profissional. As informações produzidas e divulgadas por aqueles que trabalham em assessorias de imprensa, departamentos de comunicação interna ou comunicação estratégica – áreas nas quais o caráter interessado e parcial da produção de informação é assumido – não são menos legítimas ou forjadas do que aquelas produzidas por uma empresa jornalística que tem seu compromisso assentado no "compromisso com a informação".

Érik Neveu (2006), ao tratar dessa profissionalização da fonte de informação, aponta para o problema na compreensão sobre o que é informação a partir da própria noção de *fonte*. Segundo ele, a metáfora é enganosa porque parece sugerir que pessoas, documentos, eventos são portadores e emanadores de informações brutas, cabendo ao jornalista o trabalho de encontrá-los, de colher, tratar e divulgar as informações. Por essa perspectiva, corre-se o risco de tratar a informação como *dado*, cuja natureza independe inclusive do interesse do jornalista ou da própria "fonte".

Além disso, tal noção frequentemente leva o jornalista a eleger certas instâncias como fontes de informações mais legítimas. Onde podemos encontrar informações? Uma vítima, uma testemunha, uma autoridade, um especialista... Mas por que não aquele rapaz ali, passando despercebido, com as mãos no bolso, aparentemente desinformado? Um documento, uma fotografia, uma declaração, tudo isso pode também ser "portador" de informações. Mas não poderíamos perceber informações valiosas em lugares imprevistos? Um sussurro, uma pausa, uma encruzilhada, uma ideia não concluída?

Quando desvinculamos a natureza da informação dos lugares preestabelecidos como fontes possíveis e chamamos atenção para o fato de que tudo, em qualquer lugar, a qualquer momento pode se tornar informação, estamos evidenciando o papel fundamental do jornalista na própria constituição da informação. Ele não simplesmente descobre a informação e a torna pública; é ele quem percebe certas coisas *como* informação e lhes confere existência nas relações que estabelece ao narrá-las. Em outras palavras: a informação não preexiste à busca do jornalista, à pauta que a torna necessária, ao olhar que a percebe, à pergunta que ela responde, ao texto que lhe dá existência. O jornalismo informa a realidade ao permitir que algo se torne informação.

Na fábula de Adams, cometeu-se o equívoco de acreditar que uma inteligência externa e automática pudesse simplesmente produzir a informação buscada. Lançaram-se todas as expectativas em um supercomputador que foi construído para ter a legitimidade de ser fonte de informação. Por isso a resposta foi tão frustrante: "42" sequer constitui informação, porque não há uma pergunta a que ela responda, não há realidade que ela informe.

Compreender uma informação como figura de visibilidade não significa afirmar que ela tem limites bem demarcados, nem que é composta por unidades significativas. A imagem informativa é fluida, constituída por um enquadramento que é frágil e poroso. Disso resulta o fato de que uma informação nunca pode ser isolada, destacada ou reduzida a uma unidade mínima. É por mero esforço didático que podemos pensar em *uma* informação. Tal compreensão vem questionar algumas perspectivas que promovem uma distinção, por exemplo, entre discurso informativo e discurso narrativo. Só podemos perceber e compreender a informação na teia de relações em que ela é incluída e que pode projetar. A tessitura dessa teia envolve, inclusive, outras informações explícitas ou pressupostas, ditas ou interditas. No cúmulo do raciocínio em espiral: toda informação é informada por outras informações.

A espiral, no entanto, não esvazia o caráter inovador de toda informação. Informar sempre envolve novidade porque nenhuma informação é *determinada* pelo que a antecede. Existe sempre um grau de imprevisibilidade a cada gesto informativo. Ao mesmo tempo, ao propor novas visibilidades, essa aparição instaura uma novidade que interfere diretamente em seu mundo. A informação abre sempre possibilidades para novos sentidos, novos horizontes, novas informações.

Esse caráter imprevisível da manifestação informativa e essa força entrópica capaz de desestabilizar um sistema já era evidenciado por Shannon e Weaver (1949). No modelo comunicacional matemático dos autores, o valor informativo estaria diretamente ligado à capacidade entrópica da informação. Nesse modelo, a redundância é considerada um ruído na mensagem. Quanto mais inesperada, mais potente seria a informação.

Vimos, no entanto, que a resposta numérica para a questão fundamental sobre a vida, o universo e tudo mais era tão fundamentalmente inesperada que não havia novidade possível. Só podemos pensar em novidade no diálogo entre semelhança e diferença, e não na sua disjunção. A informação pode ser compreendida, nesse sentido, como uma mediação. Pensar no valor informativo é compreender a configuração dessa mediação proposta e analisar a novidade que ela instaura levando em conta as novas relações que ela permite, a tensão entre semelhança e diferença que ela possibilita.

Mais uma vez, fica evidente a fragilidade da perspectiva "representacional" da informação. Ao se apresentar, a informação jornalística reconfigura o próprio mundo que lhe foi condição de existência, oferece uma visibilidade. E é justamente porque a informação forja novas relações de visibilidade para o mundo que a informatividade envolve importantes relações de poder.

O poder da informação

Ao nos questionarmos sobre o que é informação, devemos compreender qual ação está nela presumida. Se informar é configurar relações que instauram uma visibilidade não pressuposta, é preciso atentar para a capacidade que a informação tem de instituir novas cenas, novos visíveis, reposicionar os lugares dos indivíduos e dos acontecimentos na realidade social. Poderíamos dizer que a figura de visibilidade promovida pela informatividade se aproxima daquilo que Jacques Rancière (2005) chama de uma *configuração do sensível*: "uma relação entre os modos do fazer, os modos do ser e os do dizer; entre a distribuição dos corpos de acordo com suas atribuições e finalidades e a circulação do sentido; entre a ordem do visível e a do dizível" (Rancière, 2005, p. 7-8). O que se buscava na resposta do supercomputador era, veja bem, uma pretensa configuração que posicionasse e desse sentido a toda a vida presente no universo.

O conceito de Rancière (2005) nos permite perceber que as configurações sensíveis que constituímos são impregnadas de relações de poder na medida em que, ao circularem socialmente, elas promovem uma *partilha do sensível*. Essa partilha define, em um primeiro sentido, o que faz e pode fazer parte de um comum, quais sentidos são e podem ser *com*partilhados. Assim, a cada vez em que a informação instaura uma visibilidade, está em questão qual a qualidade da configuração sensível que ela passa a compartilhar, que lugares os indivíduos ocupam, que voz eles têm, etc. Em um segundo sentido, a partilha define também aquilo que deve ficar de fora do que é comum, a parcela daquilo ou daqueles que sequer têm voz ou lugar – a parcela dos sem parcela. Tal compreensão vai ao encontro de uma valiosa compreensão da relação entre visibilidade e invisibilidade presente no gesto informativo.

No importante texto de Maurice Mouillaud *A informação ou a parte da sombra* (1997), o professor francês explora a compreensão da informação como uma figura de visibilidade e aponta para a complexa relação intrínseca a essa imagem informativa. Mouillaud (1997) mostra que o pôr em visibilidade constitui não apenas um ser ou um fazer mas também uma ação de caráter fortemente imperativo. Informar é autorizar algo a existir como informação, tornar algo legítimo de ser mostrado e, ao mesmo tempo, é afirmar que aquilo deve ser visto. A informação é, portanto, aquilo que podemos e devemos saber.

Para que a informação exista como tal, de acordo com Mouillaud (1997), ela se constitui em relação necessária com a sua negatividade. Ao instaurar uma visualidade, a informação define o que é e o que deve ser iluminado e, ao mesmo tempo, o que é e deve permanecer na sombra. E é nessa relação fundamental entre o visível e o invisível, o campo e o fora de campo que se instaura uma forte relação de poder. "[...] a informação é bordejada, à maneira de um traço negro, por uma orla. O limite de um 'não poder ver ou saber' e de um 'não dever' ou ainda de um 'dever não ver ou saber'" (Mouillaud, 1997, p. 38-39).

Essa relação é necessária para que se constitua a informação. Só há informação na medida em que existe seu exterior sombrio para lhe dar forma, desenhar sua silhueta. Em outras palavras, algo só se torna informação porque uma infinidade de outras coisas foi deixada de fora. E é por essa relação que a informação está sempre em um limiar político muito delicado: ao informar, o jornalismo autoriza certas coisas a ganhar visibilidade pública, define em que termos essa visibilidade se constitui e relega à sombra diversas outras relações e sentidos que não puderam (seja por capacidade, seja por autorização) ser informados. Jamais seria possível pensar, como afirma Mouillaud (1997), em um "todo informativo".

Já dissemos, no entanto, que as bordas da informação são sempre frágeis e porosas, que ela nunca constitui uma figura total. A informação está sempre ameaçada pela própria parte da sombra que a possibilita, está o tempo todo em vias de ser invadida, remodelada, questionada, e até mesmo invalidada pelos sentidos que deixou de fora.

Esse questionamento da coerência e da validade da informação pode se dar das mais diversas maneiras. Informações são colocadas em xeque a todo momento, muitas vezes pelo próprio agente que as enunciou anteriormente, em uma reavaliação e reconfiguração do sensível. Outras vezes, as informações simplesmente perdem sua vitalidade com o passar do tempo, à medida que outras informações vão se tornando visíveis. Toda informação é perecível. E tal perecibilidade é condição para a renovação e surgimento de novas informações. É condição, inclusive, para que se mantenha a periodicidade jornalística. As informações do jornal de hoje serão substituídas pelas informações do jornal de amanhã.

O que torna a informação aparentemente tão forte e muitas vezes incontestável é a própria retórica jornalística sobre seu discurso informativo. O jornalismo busca, o tempo todo, maneiras de legitimar os fatos que narra e de dotar de autoridade sua fala. As narrativas jornalísticas nos dizem sempre o que aconteceu, como as coisas são, e as informações que nos oferecem vêm acompanhadas por uma série de valores que tentam sustentá-las: verdade, objetividade, factualidade... Afirmar a validade incontestável da informação é, nesse sentido, deter a maneira como as coisas podem ser vistas, sabidas, compreendidas. Em última instância, é a própria organização da realidade que está em jogo no gesto informativo.

Já afirmamos também que o jornalista está diretamente implicado na informação que faz visível. De certa maneira, a informação jornalística é sempre parcial e nunca isenta. Nesse sentido, sempre haverá um grau de autoridade intrínseco à autoria jornalística sobre sua informação. Paradoxalmente, essa autoridade é reafirmada e fortalecida quando o jornalista se desvincula da informação que dá a ver e afirma que aquilo é "tão somente" a verdade dos fatos. Muito convenientemente, o jornalista será o primeiro a esquecer a verdade que enunciou hoje quando a nova edição sair nas bancas amanhã.

Podemos vislumbrar, portanto, que a informação é coisa política não somente pelo uso politicamente interessado que se faz dela. Há sempre relações de poder já no germe da informatividade. E tais relações ganham especial relevância quando destacamos o papel que o jornalismo cumpre como local de produção de saber. Muito do que conhecemos do mundo, da história, das estruturas éticas e morais nos é informado pelas narrativas jornalísticas. Esse lugar da informação jornalística em nosso cotidiano tem implicações práticas diretas em nossa vida. Como nos mostra Jean-François Lyotard (1988), os enunciados denotativos - as coisas são assim, isso aconteceu - fundam sempre, ao mesmo tempo, noções prescritivas, avaliativas, etc. Todo saber funda uma competência, um saber viver, um saber escutar... que lhe são imanentes.

Podemos perceber, então, que o *fazer saber* da informação instaura sempre um *saber fazer*. A dimensão normativa da informação é intimamente ligada a sua dimensão prática. As informações nos oferecem sempre novas condições e critérios para que possamos interpretar, julgar e agir. Diretamente associada à questão "O que isso me informa?" está a questão "O que eu faço com isso?". Mais uma vez podemos entender a total frustração diante do número oferecido pelo supercomputador. Buscava-se uma resposta que informasse o sentido da vida, e tudo que tiveram foi um absolutamente inútil "42".

Afinal de contas, buscamos o jornalismo para quê? Nos informamos para quê? Em alguns casos, tal implicação da informação jornalística é bastante evidente: um engarrafamento em uma grande avenida, uma greve dos Correios, previsão de chuva para o fim de semana são notícias que trazem informações que podem nos auxiliar a tomar decisões no nosso cotidiano e podem nos afetar diretamente. No entanto, sempre que tomamos conhecimento de algo, nosso horizonte se expande, se modifica, um novo cardápio de possibilidades se oferece para novas ideias, novas posturas, novas previsões, novas iniciativas.

Ao instaurar uma nova visibilidade, a informação abre possibilidades de ação no mundo que não preexistiam a sua aparição. Mesmo a notícia de um acidente que feriu uma pessoa em um país distante, do descobrimento de uma espécie exótica de flor ou de que (pasmem!) Luana Piovani fez tratamento para começar o ano com a beleza em dia. A informação tem sempre como função primeira fazer saber. Novas informações foram incorporadas ao nosso conhecimento, e isso de partida já é algo que nos modifica, que interfere em nossa enciclopédia e passa a nos habitar a partir de agora. A informatividade, assim, é uma forma de saber, e o saber nunca é algo em si mesmo. Ela não simplesmente informa algo, ela *nos* informa. Informados, agimos sobre o mundo.

Síntese da questão

Podemos perceber que a objetividade, a noção de janela para o mundo e a pretensão de buscar a verdade, que expliquem e fixem os sentidos do mundo não são, e nunca foram, características intrínsecas ao discurso informativo. A informação é muito mais complexa e aberta do que acreditam os manuais de redação jornalística ou do que tentam buscar diariamente os jornais com suas pretensamente factuais aspas, lides e pirâmides invertidas.

CAPÍTULO VI

O acontecimento é o passado da notícia?

Leandro Lage

Logo nos primeiros semestres dos cursos de jornalismo, despejam-nos uma pesada carga de valores e normas que regulam essa prática. Por um lado, esses sedimentos axiológicos são necessários à formação profissional e à preparação dos estudantes para o mercado de trabalho. Por outro, acabam se constituindo fundamentos tão rígidos que poucas vezes permitem uma abertura à crítica, a questionamentos e à constituição de novos olhares sobre o jornalismo, para que sejam observados num horizonte mais largo de possibilidades e interpretações.

O conceito de acontecimento é uma das vítimas desse conjunto axiológico, no qual reinam as ideias de objetividade, imparcialidade e veracidade, entre outras. Um primeiro problema é seu pareamento com a noção de fato. É certo que o acontecimento não tem substância única, mas seria um erro esvaziá-lo de sua carga semântica, fazendo com que se equivalha facilmente a outro termo. A sinonímia entre acontecimento e fato acaba, no limite, por apagar uma das possibilidades de abordar o jornalismo do ponto de vista das experiências que narra, com toda a complexidade intrínseca a esse gesto.

Um jornal impresso, um telejornal, uma revista, um portal ou qualquer outro dispositivo identificado como "jornalístico" articula elementos significantes e modalidades narrativas diversos, que não se resumem a reportagens e notícias. Não se está obviamente desdenhando da relevância desses conceitos para o jornalismo. É preciso, contudo, torná-los produtivos para que possamos compreender criticamente o processo jornalístico, e não somente tomá-los como pressupostos para repetir os ditames fixados pela prática profissional.

Mas onde reside a distinção entre esses conceitos? Como torná-los produtivos? Em qual(is) aspecto(s) eles se mostram proveitosos para a compreensão do jornalismo enquanto prática e processo? Se não é apenas o passado da notícia, o que é o acontecimento?

Acontecimento e fato

As noções de acontecimento e fato vêm ganhando ênfase nos estudos em comunicação e jornalismo desde as últimas duas décadas do século passado (Berger; Tavares, 2010). Não há nem de longe um consenso acerca desses conceitos tampouco do papel do jornalismo em relação ao que se entende como acontecimento e fato – isso sem falar nas noções de *happening* e *fait diver,* também muito utilizadas quanto se trata de discutir o acontecimento jornalístico. Mais do que demarcar uma rígida diferença entre fato e acontecimento, seria interessante entender alguns aspectos da dinâmica em que ambos se constituem na vida contemporânea, marcada pela midiatização.

Pensado como fenômeno, o termo "acontecimento" parece designar sempre uma ocorrência, um algo que se produz e "rasga uma ordem já estabelecida" (Ricoeur, 1991, p. 41). Até então, estamos tratando de nossa aventura no mundo, marcada por contingências, peripécias e incidentes. O acontecimento se produz no percurso de nossa experiência, individual e coletiva, afetando-nos e instaurando uma imperiosa demanda de sentido decorrente de suas indeterminações: "O que aconteceu?" "O que foi isso?". Nem mesmo a avalanche informacional pela qual são atropelados os acontecimentos de nossa época lhes retira esse caráter de ocorrência efetiva.

Mas deve-se considerar as transformações próprias de uma sociedade *em midiatização* (Braga, 2007), na qual os processos sociais, entre eles, a configuração jornalística dos acontecimentos, veem-se atravessados por lógicas e dinâmicas midiatizadas. Parte do "acontecer dos acontecimentos" é também um "acontecer midiatizado", profundamente relacionado aos dispositivos e circuitos interacionais, entendidos por Braga (2011) como matrizes ou instâncias sociais de interação.

O próprio jornalismo, enquanto parte integrante e ativa da esfera midiática, é uma dessas instâncias. Assim, do acontecimento processual, fenomênico, indeterminado, passamos ao acontecimento jornalístico, em que as respostas às demandas de sentido advêm dessa matriz interacional. Para perceber essa dinâmica, é preciso se dar conta de que a maior parte dos acontecimentos contemporâneos que nos afetam e dos quais tomamos conhecimento nos chega através das mediações jornalísticas, isto é, a partir de narrativas configuradas no interior dessa instância social de interação.

O acontecimento jornalístico, na forma do fato, não apaga o caráter fenomênico do acontecimento, o que indica a necessária permanência da distinção entre ambos os conceitos, já que "a relação intrínseca entre acontecimento e acontecimento jornalístico não os torna fenômenos equivalentes" (Antunes, 2007, p. 30). Além disso, no processo de produção do acontecimento jornalístico, a surpresa o corte no que parece contínuo e a contingência decorrem tanto do contexto de descrição próprio dos relatos quanto da constituição dos públicos dessas narrativas, sem falar da constituição dessas narrativas pelos seus públicos no próprio momento de recepção e interpretação.

A resposta da instância jornalística às indeterminações do acontecimento se dá na forma do que podemos chamar de processo de factualização ou *evenemencial*[1] (Charaudeau, 2007; Arquembourg, 2011). Trata-se da dinâmica de situar os acontecimentos no espaço e no tempo, promovendo a sua redução

[1] O termo é comumente assim traduzido do francês "*evenementielle*".

aos fatos. À deformidade do acontecimento que se produz em nossa experiência o jornalismo opõe uma organização e uma interpretação, na qual o acontecimento é inscrito numa trama causal. Opera-se uma construção semântica do acontecimento, na qual ele é enquadrado, enredado a outros elementos, como agentes, circunstâncias e motivos, e é inscrito numa intriga, em que recebe um início e um desfecho.

A diferença entre fato e acontecimento não reside, portanto, na substância ou na essência desses fenômenos, mas na forma como são socialmente experimentados e qualificados. "O acontecimento e o fato solicitam diferentemente a experiência dos sujeitos que empreendem, então, transações distintas em função do que encontram e do que são confrontados" (Arquembourg, 2011, p. 21). Se o acontecimento pressupõe sobretudo uma marcação no curso de nossa experiência, o fato implica fortemente a presença da mediação jornalística como parte constituidora e constitutiva de um novo acontecimento.

Por ser narrativamente qualificado pelo jornalismo, o acontecimento não é o que deve ser compreendido *a posteriori*. Ao contrário, o acontecimento jornalístico nasce no interior de um jogo de interações entre o que ocorre, o que é configurado pelo jornalismo na forma de notícias, reportagens e outras modalidades narrativas, e o que é interpretado pelos sujeitos. Mas esse jogo ainda não está completo. É comum, nas teorias do acontecimento, certo privilégio àqueles acontecimentos cujo poder de ruptura e de confrontação com nossas expectativas são maiores, tais como as catástrofes naturais e os grandes acidentes. Esquece-se que grande parte dos acontecimentos jornalísticos não apenas ocorre. Eles são muitas vezes cuidadosamente produzidos para eclodir midiaticamente.

O acontecer midiatizado, nesse sentido, diz respeito tanto à configuração jornalística dos acontecimentos na forma do fato quanto à midiatização como processo mais amplo, em que as dinâmicas sociais se encontram tão profundamente articuladas pelos processos midiáticos a ponto de incorporarem em seu funcionamento as lógicas que regulam a instância midiática. Basta pensar em toda a sorte de eventos que são planejados tendo em conta a forma de organização das instituições jornalísticas: a manifestação cujo horário "combina" perfeitamente com o do telejornal, a entrevista coletiva do especialista que "casa" perfeitamente com a agenda de temas em discussão pela sociedade, etc. "Nesse contexto, a anterioridade do acontecimento em relação à notícia deixa de ser vista como algo dado, preestabelecido, e revela-se como resultado do processo de produção jornalística" (Leal; Vaz; Antunes, 2010, p. 222).

A percepção de que uma fatia considerável dos acontecimentos que habitam a esfera midiática é medida e pesada para que penetre no interior dessas instâncias e dispositivos não é inteiramente nova. Estudos da década de 1970 já apontavam o "uso estratégico dos acontecimentos" por determinados agentes sociais (Molotch; Lester, 1993). Contudo, a percepção de que tal processo impõe uma mudança na compreensão do papel do acontecimento no processo jornalístico é recente. Considerar os fatos parte da dinâmica narrativa do jornalismo é um primeiro e representativo passo para que tais fenômenos não sejam usados para justificar qualquer cobertura jornalística, a exemplo de determinados crimes violentos, em que a própria violência serve de álibi para uma cobertura sensacionalista. Nesses casos, é como se os sentidos da violência não fossem também narrativamente constituídos.

Jornalismo e a configuração temporal dos acontecimentos

Soa bastante óbvio afirmar que, ao narrar os acontecimentos, o jornalismo os inscreve numa dinâmica temporal. Contudo, tal asserção só ganha relevância quando comparada àquela segundo a qual uma narrativa jornalística é, de fato, a crônica de um acontecimento passado. Argumentar em favor da inscrição temporal dos acontecimentos é radicalmente diferente de situá-los num lugar temporal marcado, o passado, e supor que de lá sejam resgatados pela narrativa. O campo da historiografia há muito se debate com a questão da recuperação do passado – ou de sua constante reescritura. Ainda que um acontecimento tenha se produzido e se concluído no tempo passado, esse tempo não é fixado ou determinado.

A obviedade de que se pode acusar nossa primeira afirmação também decorre daquele conjunto axiológico que lembramos no início do texto, segundo o qual o que o jornalismo faz é contar algo sobre o que ocorreu no mundo e ponto final. Pouco se diz sobre o que é narrar e quais as implicações desse gesto para o acontecimento. É comum, ao se falar da configuração temporal do acontecimento jornalístico, ater-se às noções de atualidade, imediaticidade, a-historicidade, muitas vezes tratadas como termos sem grandes implicações. O caso da palavra atualidade é ainda mais específico, por se tratar de expressão largamente usada no campo prático, em geral para justificar ou não uma abordagem jornalística.

Borrat (2006) diz que a atualidade é uma construção temporal do jornalismo, em oposição à ideia de um tempo preexistente às narrações. Para o autor, "a 'atualidade *periodística*' [jornalística][2] encaixa o tempo histórico variável em um tempo homogeneizado em sua duração, o período – diário, semanal, ou de mais larga duração – que está na raiz do *perio*dismo, *perio*dista, *perió*dico" (Borrat, 2006, p. 280). Enquanto tempo portador de uma duração para abrigar temporalidades diversas, a atualidade "necessita ser narrada para que seja conhecida". A atualidade, portanto, surge como um tempo *narrativamente configurado*, até mesmo forjado, capaz de abrigar tempos outros.

É por isso que a afirmação de que o jornalismo é sobretudo uma prática instauradora de temporalidades opõe à ideia proposta por Charaudeau (2007) acerca da a-historicidade das notícias. É como se essa modalidade narrativa jornalística fosse destituída de uma substância temporal, como se ela pusesse em suspensão o tempo dos acontecimentos sem que pudessem remeter a outro lugar temporal que não um presente abstrato. Como argumenta

---

[2] Opta-se aqui por manter a expressão original, em espanhol, para dar sentindo ao jogo de palavras estabelecido pelo autor.

Antunes (2007), distinguir a notícia da história não implica lhe negar historicidade. "A questão seria pensar qual a relação da notícia com a historicidade" (Antunes, 2007, p. 34). Ou mesmo pensar qual a historicidade que essas narrativas evocam.

Negar ao jornalismo um caráter temporal, ou mesmo confiná-lo a uma única temporalidade, é negar sua dimensão de narratividade. Há uma extensa tradição narratológica em que se ressalta tanto na esteira da poética aristotélica quanto de uma fenomenologia hermenêutica, o caráter temporal intrínseco ao gesto de tecer uma história. Trata-se, segundo Ricoeur (2012), de uma transposição do tempo em que as ações e os acontecimentos ocorrem em direção ao tempo configurado pela narrativa.

Nessa perspectiva, contar uma história é mais do que atualizar os acontecimentos, inscrevendo-os no tempo de sua ocorrência. Narrar pressupõe a transposição imediata do tempo das ocorrências ao tempo da intriga, entendida aqui no sentido aristotélico do agenciamento ou organização dos acontecimentos em sistema. É assim que podemos afirmar que as narrativas são configuradoras de uma dinâmica temporal. Segundo Carvalho (2010), esse aspecto das narrativas permite ao narrador prolongar ou encurtar ações e acontecimentos que, no curso da experiência, duraram mais ou menos do que sugere o tempo em que são narradas, bem como remeter ao passado ou ao futuro nas formas da memória e da expectativa.

A consequência dessa definição das narrativas para uma abordagem do jornalismo é significativa. Se antes o relato jornalístico designava uma forma de contar o ocorrido, agora podemos tomar essas narrativas em seu gesto de configurar os acontecimentos no tempo das histórias contadas. Supera-se, assim, tanto a visão dos acontecimentos como objetos fixos pertencentes a uma realidade temporal preexistente quanto uma abordagem das narrativas enquanto instrumentos específicos de captura desses acontecimentos. Supera-se também uma outra visão, dessa vez derivada não do campo prático, mas de uma abordagem fortemente estrutural do trabalho jornalístico. Nesse sentido,

> [...] a força narrativa dos enunciados jornalísticos estaria menos nas qualidades narrativas intrínsecas do texto das notícias e reportagens ou no confronto entre o estilo descritivo e o narrativo, mas principalmente no entendimento da comunicação jornalística como uma forma contemporânea de domar o tempo, de mediar a relação entre um mundo temporal e ético (ou intratemporal) pré-figurado e um mundo refigurado pelo ato de leitura. (Motta, 2004, p. 11)

As narrativas jornalísticas atuam sobretudo como mediadoras dos acontecimentos jornalístico, inscrevendo-os no curso de uma história e permitindo que nós, leitores, ouvintes, espectadores e internautas, acompanhemos e atualizemos essas narrativas no tempo da recepção. A simples asserção de que o jornalismo inscreve os acontecimentos numa dinâmica temporal, se permanece óbvia, ao menos o é, agora, com base numa formulação mais complexa e problematizadora. Pode-se por exemplo observar as narrativas jornalísticas à luz de outras modalidades temporais, que não somente a do passado recente e/ou a da a-historicidade. Abre-se um flanco para que tais narrativas sejam questionadas a respeito de dimensões tais como as da memória, do esquecimento, da longa duração e, sobretudo, da expectativa e do vaticínio (Babo-Lança, 2011; Carvalho; Lage, 2012; Lage, 2012; Zamin, 2011; Antunes, 2011; Erckert, 2011).

A especulação e o vaticínio

As narrativas jornalísticas também lançam um olhar para os acontecimentos futuros. E, curiosamente, nem sempre como um gesto de espera, mas como um trabalho de previsão e especulação.

Depois de analisar a cobertura antecipada dos Jogos Olímpicos de Pequim em três jornais franceses, e de realizar entrevistas com os jornalistas dos periódicos, um estudo acerca da relação da prática jornalística com o tempo futuro (Erckert, 2011) apontou a existência de uma profunda ancoragem do trabalho narrativo de antecipação dos acontecimentos em outras temporalidades. Trata-se de uma ancoragem no agora: "Os jornalistas buscam no presente elementos suscetíveis de lhes esclarecer sobre o porvir reduzindo o campo de sentidos possíveis". Mas também no passado: "A partir dessa [...] relação com o passado, os jornalistas dispunham de elementos suficientes para se projetar no futuro e produzir um sentido provável do acontecimento" (Erckert, 2011, p. 8).

Segundo o autor, a dinâmica temporal presente naquelas narrativas pode ser entendida como a abertura de um "horizonte de expectativas" a partir de um "espaço de experiências". É com base em experiências e conhecimentos estocados que os jornalistas lidam com o porvir, tecendo narrativamente um quadro de expectativas relativas à realização do acontecimento. Nesse caso, os conhecimentos eram relativos à crise política histórica entre a China e o Tibete, questão que remete os jornalistas indiretamente ao atentado terrorista nos Jogos Olímpicos de Munique, em 1972, que, por sua vez, acenderia o alerta de atentados nos jogos de Pequim, em 2008. Percebe-se aí não apenas uma longa cadeia temporal referenciada no passado como uma extensa teia causal tecida no presente. Contudo, como ressalta Erckert (2011), afirmar que esse gesto seja menos especulativo do que se costuma pensar não significa aderir à tese defendida por jornalistas profissionais de que suas antecipações sejam objetivas e verídicas.

Para auxiliar em nossa argumentação, invocamos um exemplo relativo a um acontecimento que, diferentemente dos jogos olímpicos, não poderia ser antecipado pelas narrativas jornalísticas: o massacre de Realengo, ocorrido em 7 de abril de 2011, no Rio de Janeiro. Na manhã daquele dia, o jovem Wellington Menezes de Oliveira, de 23 anos, entrou na escola pública Tasso da Silveira, no bairro de Realengo, e atirou contra os estudantes. Morreram doze alunos com idades entre 12 e 14 anos. Outros 22 ficaram feridos. O assassino morreu com um tiro desferido por um policial. A cobertura feita pela revista semanal *Veja* nos oferece pistas claras relativas à presença efetiva da especulação, ainda fundada não apenas numa expectativa mas também no vaticínio, cujo parentesco é mais próximo da previsão - ou mesmo da profecia. A quarta matéria da edição de 13 de abril de 2011, a primeira publicada pela revista após o acontecido, tem como título “Vidas a ser reconstruídas”. No subtítulo: “Depois do horror, os sobreviventes de Realengo têm uma batalha dura pela frente: aprender a conviver com as lembranças incanceláveis do massacre”.

Figura 1 – Reportagem “Vidas a ser reconstruídas”

Especial

VIDAS A SER RECONSTRUÍDAS

Depois do horror, os sobreviventes de Realengo têm uma batalha dura pela frente: aprender a conviver com as lembranças incanceláveis do massacre

Fonte: *Veja*, 13 abr. 2011.

A reportagem se inicia relembrando o massacre de Columbine, ocorrido em 2000, naquela pequena cidade do Colorado, nos Estados Unidos. Em seguida, traz o depoimento de uma das testemunhas, a então estudante Crystal Miller. *Veja* narra todo o trauma da ex-aluna, dos pesadelos no primeiro ano pós-massacre às sessões de terapia, nos anos subsequentes, para controlar o medo, a angústia e a culpa por ter sobrevivido à tragédia. Daí em diante, a revista se lança numa tentativa de antever os desdobramentos do massacre de Realengo na vida dos estudantes que sobreviveram: “A maneira como Jade Ramos de Araújo, de 12 anos, se expressa ao relatar os nove minutos de terror na escola de Realengo prenuncia um quadro de stress agudo" (Lopes; Ming, 2011, p. 93). Seguem-se descrições pormenorizadas da ação do atirador, da reação das crianças, avaliações de especialistas acerca das sequelas que os indivíduos experimentam após episódios traumáticos

O futuro traumático de Jade Ramos de Araújo é certeza para *Veja*. Nesse caso, o espaço de experiência, invocado pela testemunha de Columbine e pelo saber científico dos especialistas, cumpre a função de determinar um futuro tão provável quanto certo. Em plano americano, a fotografia de Jade com a caneta na mão, mostrando o desenho da casa, é mais uma insinuação do trauma que a revista busca diagnosticar, retratar e antecipar. "Na sala ao lado da chacina, uma criança vulnerável desenhava". Até que, ao final da reportagem, aí sim, permanece aberta a expectativa de que Jade passe ilesa aos pesadelos do estresse pós-traumático. Ainda assim, a vivência de Crystal vem corroborar essa hipótese: é penoso, mas possível.

O acontecimento massacre de Realengo, tal como narrado por *Veja*, dissolve-se num caldo temporal em que o ocorrido se produziu, sim, no passado, mas continua a se produzir numa temporalidade estendida. Se, por um lado, o processo de factualização situa o incidente no tempo e no espaço, a ocorrência insiste em transbordar essas marcações. E esse transbordamento temporal é não apenas acompanhado como instaurado pelas narrativas que teceram aquele terrível acontecimento. Como afirma Antunes (2010), o futuro anunciado pela narrativa jornalística é questão de tempo. Em *Veja*, nesse caso, parece não haver espaço para o imprevisível, para as indeterminações do acontecimento. Aparentemente, os relatos jornalísticos não comportam brechas temporais. Mas não é próprio das narrativas produzir essas brechas?

Síntese da questão

Ao explorar a distinção teórica entre fato e acontecimento e buscar compreender processo jornalístico no âmbito de uma sociedade que vive um processo de intensa mídiatização, é possível problematizar a hipótese, bastante intuitiva, de que o trabalho jornalístico se define principalmente pela atividade de relatar acontecimentos passados. O jornalismo em seu gesto narrativo de configurar acontecimentos, articula diferentes temporalidades e, com isso, constituindo problemáticas relativas a cada uma delas e a seu conjunto.

CAPÍTULO VII

Quem fala no jornalismo?

Jurandira Fonseca Gonçalves

No celebrado filme *Cidadão Kane* (*Citizen Kane*, 1941) as desventuras de um jornalista para revelar os mistérios que rondam a última palavra proferida por um importante magnata, logo antes de sua morte, é o que nos prende à narrativa. Ali vemos a tradicional figura do profissional em busca da verdade sair à caça das fontes buscando, por meio de entrevistas, investigar a vida de Kane, levantar indícios e reunir informações que lhe permitam descobrir o sentido de "*Rosebud*". E é assim, por meio das fontes, que o repórter mobiliza, que a história é contada e que as possibilidades são construídas.

Outras obras cinematográficas e literárias exploram a representação das relações entre jornalistas e fontes como parte do método para se descobrir a verdade. Como se o relato jornalístico fosse uma compilação da astúcia e da vitalidade de um repórter e da colaboração passiva, das versões oferecidas pelas fontes. A parceria entre jornalistas e informantes é retratada sempre apegada à imagem de um circuito de segredos, intrigas, parcerias inusitadas e de um repórter que atua ao mesmo tempo como espião, policial e benfeitor público. As histórias do Super-Homem, o super-herói que usa o jornalismo na luta contra o crime e contra o mal, reforçam essa ideia, assim como outros produtos culturais do nosso tempo.

A ideia de um investigador à moda de Sherlock Holmes sempre esteve presente na mitologia do jornalismo e no imaginário social. Um perito à procura de pistas que lhe permitam revelar mistérios. E essa ideia de um profissional ativo, que identifica, seleciona, faz falar e "controla" as fontes ainda é predominante quando se pensa no processo de apuração das notícias e nos processos que envolvem a obtenção de informações. Nessa visão, é quase como se a fonte fosse um deposito de dados aleatórios que só ganharão sentido após a ação do repórter de colhê-las e organizá-las. E o jornalista é aquele que, ou vivencia o fato e é capaz de relatar aquilo de que foi testemunha – faz falarem os fatos –, ou aquele que faz falar quem o vivenciou. Dessa forma, o profissional de comunicação é representado como aquele que comanda, que elabora o discurso, que decide o certo e errado e o que será publicado. Ou seja, é quem dá voz ao relato.

Mas essa imagem está em cheque, desgastada, principalmente com as reviravoltas ocorridas no campo da informação, com as novas tecnologias, a explosão das redes sociais e a profissionalização das fontes em assessorias ou grupos organizados – que produzem uma enxurrada de *releases* e promovem suas notícias como produtos em uma grande liquidação. Além disso, temos agora um novo cenário, marcado pela força adquirida pelos grupos sociais no espaço público e por uma demanda cada vez maior por parte de setores civis da sociedade por direito e voz. Ou, como ressalta o pesquisador Manuel Chaparro (2007) em seu *blog*, "democracia, mercado e tecnologia formaram a mistura que criou a lógica da competição sustentada em informação [...]. Institucionalizaram-se os interesses, as ações, as próprias pessoas [...]. Noticiar passou a ser a mais eficaz forma institucional de agir, discursando, e de discursar, agindo".

Como diria o sociólogo francês Érik Néveu (2006), a metáfora da fonte de informação, que sugere um comportamento ativo de alguém que busca se abastecer de um produto naturalmente disponível (água, ou no caso dos jornalistas, informação) combina com a imagem de um jornalista curioso e investigador, mas ignora o fato de que as fontes são, hoje de maneira especial, fundamentalmente ativas. Não é mais o caso de alguém que aponta uma lupa para enxergar uma verdade escondida, ou que joga seu balde num poço (a fonte) para extrair o recurso de que precisa. Trata-se, de maneira mais adequada, de um jogo de corda (ou, em termos brasileiros, de um cabo de aço), uma luta de forças entre jornalistas, fontes, veículos, grupos de poder e público. Assim como os jornalistas têm poder de "escolher" a quem dar voz ou a quem garantir espaço de manifestação, as fontes também têm poder de pautar a mídia, de buscar cobertura para os temas e questões de seu interesse, de falar algumas coisas e não falar outras, por isso criaram recursos e estratégias para se impor na cena midiática e se fazerem presentes.

Há que considerar também que a voz do jornalista, presente em maior ou menor medida, não é isenta de interesses e pressões. É impregnada por uma política editorial, por valores da empresa à qual está ligada e representa, e se insere num quadro político, num jogo de forças em que inevitavelmente acaba por fazer parte e tomar parte. Logo, não podemos deixar de refletir, principalmente em um momento de reconhecimento do poder do público (leitores, ouvintes, telespectadores, comunidades, grupos de opinião, etc.), sobre o impacto que ele tem na constituição de uma notícia. Em uma perspectiva relacional e dialógica, ele influencia e está presente na mensagem da mesma forma que acaba por ser influenciado e oferecer respostas que serão novamente incorporadas a ela, num circuito de produção de sentido.

A melhor maneira de pensar a questão talvez seja, como aponta o pesquisador italiano Mauro Wolf (2003), a metáfora de uma dança entre todos esses atores. Para o autor, no entanto, em grande parte das vezes, quem comanda essa dança são as fontes.

Mas afinal, quem fala no jornalismo? A pergunta pode parecer óbvia, mas significativamente não é. O discurso ali presente pertence ao jornalista que relata os fatos? Aos veículos onde as notícias são divulgadas? Aos personagens envolvidos? Às pessoas que participaram dos acontecimentos ou a eles assistiram? Ou aos setores interessados nos acontecimentos? E mais, quem ganha voz na imprensa? Quem é acionado e chamado a falar e legitimado como porta-voz de informações relevantes. A quem é dada a oportunidade de se manifestar na privilegiada arena midiática? Quem define e quem diz a suposta "verdade" dos fatos?

A dança e a teia: construção das relações

A tradição jornalística nos diz que o jornalista constrói seus relatos por meio de experiências vivenciadas ou por meio de informações colhidas junto às fontes. Porém, em um dia a dia marcado pelas pressões e rotinas das instituições jornalísticas e da prática profissional, e pela escassez de tempo e recursos para apuração, poucas matérias jornalísticas originam-se integralmente na observação direta: a maioria é composta por informações fornecidas por pessoas, instituições e documentos. Dessa forma, é tarefa dos jornalistas selecionar e questionar essas fontes, colher dados e depoimentos, situá-los em um contexto e adequar tais informações segundo técnicas jornalísticas. Aqui poderíamos listar uma série de definições para o termo "fonte" ou mesmo um conjunto de explicações normativas sobre o relacionamento entre estas e os jornalistas, que acentuam uma visão do jornalista como único protagonista ativo da produção da informação. Realmente esse profissional tem poder de decisão. Mas seria isso suficiente para defini-lo como quem tem voz preponderante no jornalismo? É dele a versão da realidade que estampa as manchetes e circula pelos canais de comunicação?

O jornalista não é mais, e sequer podemos dizer que já tenha sido de maneira plena, o maestro absoluto desse conjunto. Todos dependem das fontes, e as perspectivas apontadas por elas influenciam em grande medida a decisão jornalística. Essa dependência, junto a um princípio ético de proteção e direito de sigilo das fontes atesta o reconhecimento de que elas são fundamentais. O trato com os informantes é um dos pontos de grande relevância na formação de jovens jornalistas e uma questão que diz respeito mesmo aos mais conceituados profissionais. A ética do relacionamento, o respeito àqueles que são ouvidos e a responsabilidade com os dados fornecidos são um mantra que todos os repórteres devem repetir diariamente. Mas, por princípio, essa ética deve ir além. Não se limita ao tratamento com as pessoas ouvidas e informações. Deve estar presente na própria seleção de quem fala, quando fala e o que fala. Inclusive, nesse cenário de empoderamento das fontes, deve guiar o profissional numa perspectiva crítica sobre por quem se deixar "seduzir".

No entanto, esse reconhecimento das fontes como aliadas ativas do processo de produção jornalístico pode fazer surgir alguns problemas. A relação, nunca de passividade das fontes, pode, muitas vezes, ser de conivência a elas. Isso pode ser percebido em jornais, programas televisivos e outros produtos midiáticos que fazem uso repetidamente das mesmas fontes, dão voz de forma privilegiada a alguns grupos e setores, ou mesmo indivíduos, e acabam por naturalizar o seu discurso. Ou seja, o jornalista (ou o veículo) assume a fala e os argumentos da fonte como seus e, consequentemente, como sua afirmação da verdade. É o caso de relatos de crimes violentos, em que a versão da polícia – antes mesmo que a investigação tenha chegado ao fim, ou que os acusados tenham sido julgados – acaba por se tornar também a versão da mídia. Outro bom exemplo se dá na relação entre repórteres e cientistas de diversas áreas. Como o tema tratado, na maioria das vezes, pode ser estranho ao jornalista, este se apodera do discurso do pesquisador e faz dele seu próprio relato. Pouquíssimos profissionais podem se dizer grandes conhecedores de bioquímica ou de bioengenharia genética, mas é comum ver textos acalorados de defesa de pesquisas com células-tronco ou de regeneração celular e desenvolvimento de tecidos humanos artificiais.

Outro ponto a ser destacado é que, na construção de notícias, há sempre um jogo de interesses. Algumas vozes são privilegiadas em detrimento de outras. Mesmo quando há um esforço em ouvir personagens e informantes de diferentes posturas e pontos de vista, não há garantia de uma pluralidade de vozes. O relato jornalístico é construído num contexto mais amplo, preso a um emaranhado de relações, interesses e valores. As práticas de profissionais e a própria redação das matérias são tensionadas por quadros políticos, culturais, econômicos e sociais. Seria muito radical falar de marionetes, pois os jornalistas não constituem uma massa amorfa ou passiva, que se deixa manipular tão facilmente, mas podemos pensar em profissionais presos em uma teia, na qual alguns se esticam e contorcem para se livrar minimamente das amarras e ter movimentos mais livres, enquanto outros apenas se limitam aos movimentos possíveis e se deixam levar pela força dos nós e das cordas. Assim, mantém-se a tendência por uma voz jornalística monofônica, que representa sempre os mesmos setores, atende os mesmos grupos e privilegia visões de mundo e versões atreladas ao contexto sociocultural no qual o profissional está inserido.

A cobertura sobre o processo de pacificação do Morro do Alemão, no Rio de Janeiro, pode servir para ilustrar a questão. Por mais que os veículos de mídia tenham buscado ouvir moradores e representantes da comunidade, a cobertura se pautou pelo ponto de vista do governo e da polícia. E mais: o discurso jornalístico é construído sobre determinados conceitos de segurança, justiça e autoridade e por uma visão dominante que prega, utilizemos aqui a expressão estereotipada, que "lugar de bandido é na cadeia". Antes mesmo da apuração dos fatos, reside a noção de que "pacificação" é um processo que busca o bem, e dificilmente uma voz dissonante a essa postura ganha espaço. Ou seja, por mais que as matérias trouxessem depoimentos de crítica ou insatisfação, o tom geral dos textos era de aprovação à iniciativa.

A questão ganha força graças a uma situação comum ao jornalismo: a preferência por fontes estáveis, oficiais e autorizadas. Tal fato remonta ao próprio modelo da organização jornalística, marcado pela centralidade da "sala de redação", do *deadline*, pelas pressões internas e externas e pela necessidade de preencher espaços com material atual, vendável e de credibilidade. Nessa dinâmica, é preferível que a fonte seja institucionalizada, de fácil acesso e confiável, ou seja, que possua um *lugar de fala* já legitimado e possa realizar, sem grandes investimentos, o papel de escudo do jornalista.

Uma rápida e concisa revisão sobre os tipos de fontes, sem, no entanto, a pretensão de esgotar todas as categorias possíveis, permite-nos apontar ainda algumas considerações importantes.

Da teia para a rede: fontes no processo produtivo

Uma primeira distinção necessária se dá entre as fontes consideradas verdadeiras e as agências de informação. As últimas se diferenciam das primeiras por já se configurarem como empresas especializadas, internas ao sistema de informação e realizam um trabalho que já é de confecção, fornecendo aos meios "unidades-notícia" e situando-se num estágio avançado do processo de produção.

Mas voltemos por um instante à ideia das fontes "verdadeiras", ou aquelas a que tradicionalmente a literatura sobre jornalismo se dirige. Nelson Traquina apresenta o conceito de uma "rede noticiosa que as organizações jornalísticas são obrigadas a estender para responder ao desafio constante de dar conta da avalanche de acontecimentos, sobretudo os inesperados" (Traquina, 2005, p. 189). Nesse sentido, a fixação dessa rede no tempo e no espaço impede alguns eventos de serem noticiados, assim como a distribuição da rede noticiosa de um meio de comunicação social permite saber quais são os critérios de noticiabilidade por que se rege. A rede criada pelo aparato da mídia reflete a estrutura social e de poder existente. Da mesma forma, as fontes que constituem essa rede devem atender as exigências do modelo e das rotinas de produção do jornalismo. E aqui somos novamente direcionados à dificuldade de estabelecer uma *polifonia* no jornalismo, enquanto produto constituído nessa realidade.

A articulação da rede de fontes não é casual ou arbitrária. Fontes do poder (fontes oficiais, institucionais e estáveis) e fontes que se ajustam aos procedimentos de produção são preferenciais. Essa distorção na estrutura premia algumas fontes em detrimento de outras. O acesso aos *media*, como realça Traquina (1999), torna-se um bem estratificado socialmente, e outros agentes sociais (que não os do poder) não têm acesso regular aos meios de comunicação, por isso precisam incomodar ou se tornar "notícia forçada" para que tenham visibilidade, e seus acontecimentos se tornem notícias.

Do ponto de vista da oportunidade e da conveniência do jornalista de fazer uso de uma fonte, diante da necessidade de concluir um produto informativo dentro de um período fixo e intransponível, com meios limitados à disposição, ele deve prezar, em sua relação com essa fonte, por alguns fatores como produtividade, fidedignidade, confiabilidade e respeitabilidade.

As fontes oficiais tendem a responder de melhor forma que outras a essas necessidades organizacionais das redações, pois se pressupõe que elas são mais confiáveis, simplesmente porque não se podem permitir mentir abertamente. Além disso, são consideradas mais persuasivas, uma vez que as suas ações e opiniões são oficiais. Aspectos como ritmo de trabalho, concepção de profissionalismo e valores culturais compartilhados (Wolf, 2003) explicam os processos de "inclusão" e "exclusão" de fontes. Mauro Wolf (2003) avalia a vantagem de trabalhar com fontes institucionais porque elas fornecem materiais credíveis o suficiente para se fazer a notícia, permitindo, assim, que os órgãos de informação não tenham de recorrer a demasiadas fontes para obter os dados ou elementos necessários.

Conforme o parâmetro que se faça uso, podemos pensar ainda em uma classificação das fontes. Nilson Lage (2006) propõe diferenciações com base em três categorias relacionadas à autoridade da fonte para falar sobre determinado tema; ao nível de participação e influência das fontes sobre a constituição da notícia; e partindo da relação que estabelecem com o tema em questão. No primeiro caso, teríamos as fontes oficiais (mantidas pelo Estado, empresas e organizações autorizadas a falar em seu nome), as fontes oficiosas (ligadas a entidades ou indivíduos, mas não autorizadas a falar em nome deles) e as fontes independentes (desvinculadas de uma relação de poder ou interesse específico). Na segunda categoria são elencadas as fontes primárias (aquelas em que o jornalista se baseia para colher o essencial de uma matéria; são mais diretas e específicas à pauta) e secundárias (mais contextuais, preparam o terreno para as fontes primárias ou situam/complementam as informações fornecidas por elas). Na última categoria, diferenciam-se as testemunhas (afetadas pelas emoções e pela perspectiva, que fazem parte ou vivenciaram em algum nível, o fato/evento relatado) e os *experts* (fornecem interpretações dos eventos e são acionados para organizar, dar sentido ou explicar determinadas ocorrências) (Lage, 2006). No entanto, interessa menos o caráter de cada tipo de fonte que as implicações que ele traz para sua relação com o jornalista e as consequências de seu "perfil" para sua inserção e aceitação na rede noticiosa.

Outro ponto a ser destacado diz respeito a uma parte significativa das notícias que é produzida tendo como base fontes que são profissionais no "negócio" de lidar com o campo jornalístico. As agências de imprensa constituem hoje uma grande fonte de materiais noticiáveis. Esse constante recorrer às agências se dá principalmente por motivos econômicos (comprar material noticiável é mais barato que custear uma equipe para cobrir acontecimentos).

Maurice Mouillaud (1997) vê nesse aspecto do desenvolvimento da informação e de sua circulação um dos fatores que contribuem para que o jornal (ou o jornalismo) se torne cada vez mais um discurso de citações e esteja cada vez menos na origem de seus enunciados (Mouillaud, 1997). Para ele, a relação entre a fala do jornal e as outras falas modificou-se com a mudança do lugar e da função da imprensa, e essa primazia das agências (ou dos materiais de divulgação institucional de empresas e grupos) traz impactos para essa relação. "Sob a escritura do jornalista, ainda há escritura; sob seu discurso, outros discursos" (Mouillaud, 1997, p. 118).

Há que chamar atenção ainda para a distinção entre a reprodução do discurso de citações (no qual as diferentes vozes são colocadas enquanto tal e, para além das mudanças realizadas nos enunciados, mantém-se o respeito pela sua forma) e a reescritura do material de agências (na qual a fonte de informação, as agências, permanecem anônimas, e há um apagamento de sua enunciação). O segundo caso, chamado por Mouillaud (1997) de intertextualidade, traz como consequência uma assimilação dos conteúdos das agências pelos jornais ou outros canais de comunicação. Dessa forma, o jogo de vozes presente nas notícias é adulterado, tornando ainda mais difícil definir quem fala ou criando processos que podem privilegiar, ao mesmo tempo que podem apagar determinadas vozes sem que o público ou os demais grupos de interesse tome conhecimento e sem que haja um questionamento da operação.

E ao abordar o fenômeno das agências, queremos estender a discussão para a profissionalização das informações fornecidas por empresas, órgãos do governo e instituições de diferentes setores por meio das assessorias de comunicação ou áreas especializadas em promover eventos, produzir notícias e trabalhar a imagem, a reputação e a venda de serviços e produtos da organização na qual se inserem. Mais que fornecedores esporádicos de conteúdos noticiáveis, eles ocupam cada vez mais um espaço importante na construção das pautas jornalísticas e são protagonistas de uma espécie de "mudança no jogo" entre fontes, veículos e profissionais de comunicação.

Fontes em cena: revolução?

As fontes também falam. E por meio delas, falam diversos grupos, setores e instituições. Autores como Manuel Carlos Chaparro (2004) defendem uma revolução das fontes, em que elas teriam reivindicado seu poder de fala e se profissionalizado a ponto de reverter o jogo no qual assediavam os jornalistas para se tornarem assediadas, demandadas. Isso fica claro quando observamos o fenômeno das assessorias de imprensa e dos setores de comunicação inseridos em empresas públicas, privadas e nos mais diversos tipos de instituições. ONGs, movimentos sociais, organizações informais e até mesmo pessoas, antes sem voz no jornalismo, reivindicam seu espaço na mídia e descobrem o potencial político, econômico e cultural da comunicação.

Muitos pesquisadores utilizam a metáfora bélica para lidar com a questão da nova dinâmica das fontes, na qual a cena midiática seria como um campo de batalha. Os instrumentos de comunicação são, nesse sentido, armamento essencial nesse conflito. É uma guerra por visibilidade, por voz e por direito de manifestação. Seja por razões, seja por interesses políticos, econômicos, identitários, de representação, etc., a guerra da informação é hoje em grande parte uma guerra de assessorias. Todos querem sua fatia desse bolo.

Nessa lógica, as estratégias das fontes são múltiplas. Vão desde os velhos rituais de coletiva de imprensa, promoção de eventos, distribuição de *press releases* e sugestões de pauta até o fornecimento de conteúdos prontos, já adaptados para o perfil da publicação ou veículo a que se destina. De acordo com os interesses em questão, mais que criar notícias, as fontes são capazes de criar acontecimentos e, por meio deles, se lançar na esfera pública. "O poder das fontes está na capacidade adquirida de produzir conteúdos noticiosos, embutidos em acontecimentos recheados de ingredientes jornalísticos" (Chaparro, 2004). E mais importante ainda: essas fontes contam com profissionais de comunicação capacitados e inseridos na lógica de produção e circulação jornalística, capazes de antecipar as rotinas e as práticas dos jornalistas para abastecê-los segundo suas demandas e suas exigências. Trata-se, verdade seja dita, de um campo de trabalho em potencial para os profissionais da área, principalmente frente à retração nas redações. A formação jornalística em marketing, publicidade ou áreas afins acaba por ser aproveitada nesse nicho de mercado, abastecendo uma nova indústria de informação, da qual o próprio jornalismo tradicional acaba por fazer grande uso.

Com esse poder em mãos: a posse de informações, a capacidade de disponibilizar materiais prontos para a divulgação, o conhecimento da lógica de funcionamento dos veículos, as fontes alteram a fisionomia do jornalismo e incorporam a notícia ao acontecimento que produzem.

A chamada revolução das fontes provoca uma nova dinâmica de "vozes" no jornalismo. Por um lado, segmentos outrora mudos, ou que raramente ganhavam voz, começam a se pronunciar. E precisamos ponderar que, não fosse a falta de espaço ou o padrão de abordagem de determinados temas, não haveria campo fértil para que o fenômeno se desenvolvesse com tamanha magnitude. Além disso, é preciso questionar se se trata efetivamente de uma reação de excluídos da mídia ou de armas para ampliar a presença dos já presentes. Voltando à metáfora da guerra, as instituições com melhor estrutura de comunicação e maior poder aquisitivo tendem a ganhar mais espaço e força, e vencer mais batalhas que grupos menos privilegiados.

Inserido nesse processo de profissionalização das fontes e parte dessa "revolução", destaca-se um novo ator no cenário jornalístico: a mídia das fontes, aquelas que, mantidas e/ou administradas por agentes sociais que até o momento se limitavam a ser fontes de informações (Sant'Anna, 2008). Trata-se do surgimento de complexas estruturas midiáticas, não comerciais, criadas para dar voz a atores e grupos com pouco ou nenhum lugar de fala no espaço midiático convencional. Jornais, revistas, boletins eletrônicos, sites e blogs abastecidos por profissionais vinculados a instituições, grupos de interesse e movimentos sociais, ou mesmo por sujeitos com experiência em algum campo ou vinculados a uma causa, modificam o cenário tradicional da informação e da imprensa.

O fenômeno da mídia das fontes não se limita a uma tentativa por parte das fontes de intervir sobre a agenda da imprensa tradicional e inclui também um investimento direto junto à opinião pública, constituindo para tanto seus próprios meios de comunicação. Estes, por sua vez, fazem uso da mesma gramática e das mesmas estratégias utilizadas pelos veículos tradicionais, constituindo um estilo narrativo semelhante e tomando para si um estatuto de credibilidade e legitimidade que fora alcançado pela mídia convencional.

Os fenômenos em torno das fontes trazem aspectos positivos, como a maior diversidade de informações na esfera pública e a possibilidade de divulgação de muitas notícias que jamais seriam conhecidas ou demorariam muito a ser, não fosse a iniciativa das fontes em publicá-las por algum interesse próprio. No entanto, esse mesmo interesse - dado o jogo no qual a produção jornalística se insere, a dança e a hierarquia das vozes presentes e a teia à qual os profissionais se veem atados - pode contribuir para uma prática viciada e para a manutenção de um quadro onde as mesmas vozes ecoam.

A divulgação feita pelas fontes, por meio de suas assessorias ou em seus veículos próprios privilegia aspectos estrategicamente selecionados em detrimento de outros. Exemplo disso pode ser identificado em todo o material de divulgação de agências e institutos dedicados à pesquisa nuclear. Nesses espaços, são ovacionados os benefícios que os estudos e os projetos na área podem propiciar, mas apagados os riscos envolvidos e a necessidade de chamar a sociedade para debate.

Síntese da questão

No jornalismo, além de um grande número de atores e interesses envolvidos, constroem-se processos de hierarquia, sobreposição, apagamento e empoderamento de determinadas falas. O recurso às vozes de especialistas e comentaristas, as colunas de opinião e um fenômeno de ressurgimento do testemunho no jornalismo, ancorado na explosão dos dispositivos tecnológicos para cobertura e divulgação, nas redes sociais e no coroamento do sujeito comum como sujeito de informação (que assim como consome, produz notícias), indicam um momento em que, ao mesmo tempo que aprendemos sobre o funcionamento da mídia, estamos fazendo parte de um novo modo de construção dela.

CAPÍTULO VIII

Tudo é notícia?

Rennan Lanna Martins Mafra

Relevância da notícia: reverberações

"O que aconteceu na sua manhã?" é a pergunta que faço todos os dias para minha companheira quando chego em casa para almoçar (morar numa cidade do interior ainda oferece alguns privilégios). Escuto-a atentamente desfilar as novidades daquele breve período em que nos mantivemos afastados, enquanto degusto calmamente a refeição temperada com o volátil e escorregadio estoque de atualidades. Isso inclui desde os acontecimentos mais íntimos e familiares até as novidades que nos vinculam a qualquer parte do globo. Quando fico sem as notícias (por exemplo, quando não almoçamos juntos), esse entretempo entre a manhã e a tarde - ainda chamado de almoço - parece não ter cumprido sua função de atualizar o lugar (precário e vaporoso) que ocupo presentemente no mundo.

Obviamente, algumas notícias parecem nos afetar mais do que outras. E isso não significa que as notícias sobre os atentados terroristas nos Estados Unidos tenham um poder maior de afetação do que a recente palavra nova lançada ao mundo por minha filha, então com dois anos de idade. A depender do dia, da situação, do horizonte futuro projetado ou da força vital de uma experiência passada (Koselleck, 2006), o poder de chacoalhar das notícias é revestido por um processo marcado por uma boa dose de imprevisibilidade e de descontrole, além de não parecer se render a nenhuma lógica cartesiana - ainda que a ausência matemática e cotidiana das narrativas de minha esposa, paradoxalmente, tenda a provocar uma espécie de sequestro da minha referência de mundo (o mundo do trabalho, da produtividade, da rotina semanal, do calendário industrial). Por isso, quando não almoçamos juntos, meu movimento, quase que maquinal, é ligar a televisão ou flanar por sites de jornais, por blogs, por revistas na internet (até o momento, escondi a informação de que minha esposa já advoga para si tal tarefa, todos os dias, quando inicia seu trabalho, pela manhã). Ou seja: de algum modo, viver na (pós/hiper) modernidade é também se valer de gestos constantes e sub-reptícios de *atualização* - tarefa sociotécnica encarnada, de maneira central, no processo *produção/circulação/consumo* de notícias jornalísticas. Todavia, uma exceção parece existir (como parte constitutiva de toda regra): nos finais de semana, nos feriados e sobretudo nas férias, o estoque de atualidades parece não se alocar na mesma posição, durante o dia. Afinal de contas, nenhuma novidade alcança tamanha força do que a própria interrupção/suspensão do cotidiano capitalista. Mas, é claro: a todo o momento, tal suspensão (sempre cada vez mais breve) é ameaçada pela irrupção de qualquer acontecimento (Queré, 2005) e, a depender da relevância da notícia o descanso também será interrompido, ainda que forçosamente.

A partir desse breve relato, tão fugaz e nunca generalizável como a escorregadia experiência que o mantém, podemos nos perguntar: o que é notícia e qual a sua relevância? Quem ou o que a (re)produz nos tempos de agora? Aprendemos, desde sempre, que os bons manuais de jornalismo são capazes de garantir impactos e realizar verdadeiros sucessos de consumo, pautados, especialmente, por uma ideia de *relevância* como critério fundamental na produção de notícias. É senso comum escutarmos, sobretudo nas primeiras aulas dos cursos da área de Comunicação Social, que o menino mordido pelo cachorro não é notícia (situação 1), mas que, ao contrário, é notícia o cachorro mordido pelo menino (situação 2). O que fundamentaria propriamente a ampla crença nesse juízo? Sem querer negar, *a priori*, nenhuma potencialidade de noticiabilidade que a situação 2 parece fatalmente carregar, a narrativa descrita nos parágrafos anteriores traz ao mundo um imperioso desafio reflexivo: parece inevitável o abandono dogmático de algo que, ironicamente, sempre fez parte da identidade de qualquer jornalista, a saber, a tarefa de guardião da relevância – ou de caçador de *furos*. Ao mesmo tempo, é inegável que nos contextos de interação alimentados pelo sistema perito dos jornalistas, essa sensação existirá (e é bom mesmo que continue existindo): o sentimento e o desejo de tocar as franjas dos acontecimentos (Mouillaud, 1997), bem como a autoridade nascida automática e abruptamente desse obsceno toque, são elementos que garantem a permanência, a vitalidade, a legitimidade e a força de qualquer experiência jornalística profissional, organizada socialmente.

Contudo, uma reflexão provocada por *dois ajuntamentos de sentido* intimamente interligados torna-se gesto proeminente para continuarmos a insopitável tarefa de condução desse texto. O *primeiro* é que a experiência com a notícia – ou a experiência jornalística propriamente dita – parece mesmo não se restringir à *experiência jornalística profissional*, ainda que esta última continuo a ocupar um lugar central nos contextos sociais contemporâneos. Isso parece nos dizer que a experiência de narrar notícias não é tributária apenas da empresa e/ou da profissão jornalística, mas refere-se, em última análise, a uma própria *atualização* do lugar que ocupamos no mundo, protagonizada por qualquer um de nós. Em outros momentos, quando a conexão entre os territórios não era algo instantâneo, a tarefa de atualização da vida social era exercida por outros sujeitos – sobretudo aqueles que venciam os lugares e, imediatamente, narravam suas experiências (Benjamin, 1987). Naturalmente, naquele momento, não fosse mesmo necessária a edificação de todo um arcabouço profissional e sociotécnico para a construção de narrativas noticiosas: a vida em comum, conduzida e atualizada, quase que inteiramente, em ambientes territoriais mais estáticos – cujos sujeitos (e suas conexões) que neles viviam por lá se portavam quase exclusivamente desde o nascer até o falecer – sequer cogitava a constituição de um campo profissional, responsável por uma espécie de definição / industrialização da noticiabilidade. Naquelas paisagens, as notícias, sempre pautadas pelo senso de atualidade, pareciam ainda não ocupar o escopo das necessidades básicas à permanência da vida humana (moderna) na Terra – sem desconsiderar, obviamente, os tremores imprevisíveis que poderiam trazer, quando lançadas sobre a vida coletiva dos sujeitos.

A partir de um lento e gradual processo histórico de instalação (e, quase imediatamente, de crise) da modernidade, a situação social contemporânea conforma-se sobremaneira diversamente: nos recentes contextos complexos, dispersos, pluralistas e especializados, o jornalismo enquanto campo profissional acaba revestindo-se de uma força nuclear, capaz de garantir a própria sustentação da atualidade (uma necessidade básica) e a sua reverberação junto a inimagináveis conjunturas interacionais (Antunes, 2007). Ou seja, ainda que qualquer sujeito ordinário advogue para si o mérito do testemunho, da autoria ou da *pole position* na corrida em direção à notícia (como o faz minha companheira, quase todos os dias na hora do almoço), qualquer novidade contada, com um certo poder social de afetação, tende a ser sempre infiel a tal sujeito que tenta esposá-la: muito provavelmente ela se portará como coisa promíscua, misturada, hibridizada, entregue de algum modo aos regimes profissionais de produção da notícia, cunhados pelo jornalismo. Não por acaso, com exceção das novidades da intimidade, as notícias que minha companheira cotidianamente (re)produz advêm sobretudo de sua experiência de leitura de jornais/blogs/revistas na internet, na televisão, no impresso, no rádio (ou até nos carros de som circulantes e nos jornais de postes dispersos, na cidade onde vivemos). Trata-se de uma experiência não apenas de leitura isolada, mas de uma experiência potencialmente *compartilhada com/acessada por* outros (Queré, 2003). Enfim, trata-se de uma *experiência pública*.

Justamente por isso, o *segundo ajuntamento de sentido*, inspirador à reflexão ora proposta, refere-se ao fato de que qualquer experiência jornalística – profissional ou profana – parece sempre lançar seus alicerces e provocar suas afetações junto aos ecos de *qualquer experiência de constituição de um nós*. As notícias, enquanto estilhaços socialmente relevantes, expressam, de algum modo, fragmentos sempre inacabados de uma experiência pública, ávidos por serem costurados pelos leitores que por eles se sentirem porventura afetados. Nesse sentido, a notícia só se realiza numa espécie de tecer ininterrupto e, ao mesmo tempo, volúvel e volátil: sua relevância pública parece não advir de algo produzido apenas por um conjunto de regras profissionais/institucionais, mas por sua pregnância à experiência do *estar-junto*. Por esse raciocínio, a notícia tem vida na medida em que se enreda na infinita e incontrolável teia de significação e de experiências possibilitada pelas vidas costuradas *de uns com os outros*. Nenhum conjunto de critérios profissionalmente acordados poderia ser capaz de indicar sozinho os fragmentos sociais que se revestirão (ou não) de uma identidade de notícia, já que a relevância é algo que parece se constituir em meio a contextos, situações, expectativas e papeis desempenhados pelos sujeitos, em interação.

Destituída a centralidade do conjunto técnico-profissional das regras jornalísticas na realização social da notícia, somos, portanto, convidados a ponderar: aquilo que se toma como *relevância jornalística* não poderia ser alvo de uma definição *a priori*; ela surge em reverberação, junto a uma experiência publicamente acessada e compartilhada – por jornalistas e por sujeitos não jornalistas, por todos e por qualquer um. Tudo isso nos leva a pensar a relevância a partir de um infame trocadilho: relevância é *revelância*, ou seja, a notícia é algo que se reveste de um poder revelador. *Revelância* que pode ser (ou não) parte de uma revelação: as notícias são como encaixes de uma experiência que indica e que tenta descortinar o complexo e inusitado caldo social que acolhe os sujeitos modernos (enganados por suas ilusões de controle), nos tempos de agora. Por isso, relevância é *revelância* e *reverberância*, isto é, algo cujo poder revelador instala-se com a provocação de ressonâncias, de ecos, de espalhamentos, nas possíveis fraturas das diversas e inesperadas experiências dos sujeitos, em contextos sem-fim. Assim, mesmo que a ilusão de controle do campo profissional do jornalismo insista em acreditar que a notícia pode ser industrializada e consumida unicamente mediante a caixa-preta de inúmeras técnicas de produção, a força que gera a notícia parece mesmo tangenciar o encontro entre jornal e sociedade, jornalista e leitor, tecido e tecer, movimentos acolhidos pelo pujante pano de fundo de uma experiência acessada e conformada inusitadamente.

A notícia e a prosa do mundo

Uma reflexão sobre o caráter *revelante* da notícia banha-se contundentemente em meio às discussões empreendidas pela noção de dispositivo, utilizadas não por acaso para buscar a superação de um paradigma dos *efeitos*, nos estudos comunicacionais pautados pelo prisma das interações (Braga, 2011). Trabalhada por Antunes e Vaz (2006), dentre um universo amplo de inúmeras outras contribuições, tal noção oferece um largo *menu* que nos ajuda a tomar as notícias enquanto gestos produzidos tecnicamente pelo campo jornalístico, *instituídas por* e *instituidoras de*: a) um certo arranjo espacial que se constitui; b) uma forma de ambiência (um meio em que) elas se dão a ver; e c) um tipo de enquadramento que institui um mundo próprio de discurso. Por essa perspectiva, as notícias podem ser compreendidas como dispositivos midiáticos que articulam:

> [...] uma forma específica de manifestação material dos discursos, de formatação de textos; 2) um processo de produção de significação, de estruturação de sentido; 3) uma maneira de modelar e ordenar os processos de interação; e 4) um procedimento de transmissão e difusão de materiais significantes. (Antunes; Vaz, 2006, p. 47)

Tal entendimento é fundamental para a compreensão de que as notícias não se apresentam na vida social como uma espécie de *marco zero da constituição do sentido*: como dispositivos, operam como algo que engloba, precede e transborda os parceiros da comunicação (Bougnoux, 1999), quais sejam: os consumidores-leitores das notícias - como minha companheira, atenta para aumentar seu volátil estoque diário de conversação; os profissionais da publicidade, que esperam a *boa repercussão* do jornal (no intuito de obter lucro com os espaços/as inserções vendidas para anunciantes); os próprios jornalistas, saqueadores do código profissional sociotécnico responsável por usinar e lançar ao mundo o material conversacional do momento, atualizando a vida social; meus colegas de trabalho, que ouviram a notícia (compartilhada comigo por minha esposa) com base em minha própria reelaboração; a publicação da opinião de um dos meus colegas no Facebook, que, após a conversa comigo, procurou na internet e compartilhou em sua rede o link "oficial-jornalístico" da notícia, provocando discussões; a "curtida" de um amigo do meu colega e a produção de uma conversação na cantina de seu trabalho, logo após o conhecimento de tal notícia; a reprodução da notícia no site de um jornal de outra cidade feita por um jornalista, amigo de meu colega e assim por diante, numa tessitura incontrolável, sustentada até que, *não se sabe como*, a ressonância noticiosa perca força e seja preterida por inúmeras outras em meio ao *estar-junto*.

Isso nos ajuda a reconhecer, com a ajuda de Antunes e Vaz (2006, p. 49-50), o lugar de prescrição e de agendamento da notícia: ela nos "oferta diariamente - na televisão, no rádio, no jornal, na internet - o 'prato' (ou a 'ordem do dia') que constituirá alimento de uma conversação social" e, como dispositivo, é lugar que pretende convocar e coordenar a interação entre os sujeitos e suas falas - já que, ao buscar a convergência da prosa social, projeta as interações "noutro plano e ali as põem em permanente circulação e rebatimento, instando os sujeitos a se tornarem seus interlocutores". Contudo, o fato de as notícias jornalísticas, produzidas pelo complexo aparato midiático, rogarem pelo agendamento, oferecendo substrato à conversação social, não indica que a notícia seja a única instância, por excelência, produtora de experiências de atualidade. A bem dizer, experiência e material de conversação não são sinônimos, e conforme atentam também Antunes e Vaz (2006, p. 43):

> [...] se a mídia for priorizada enquanto aparato sociotécnico (instância da determinação), isso nos leva a minimizar a intervenção dos interlocutores, abandonando o processo comunicativo. Desta forma, seria reduzida a apreensão da dinâmica de produção de sentidos, fechando a compreensão da extensa "prosa" do mundo, que acontece paralelamente à intervenção dos meios de comunicação, marcada por eles ou à sua revelia. [...] São dois polos se forçando reciprocamente, os dispositivos e os sujeitos.

Sendo assim, tanto a notícia quanto os sujeitos são alvos da irrupção de acontecimentos (Mouillaud, 1997) – ao contrário de uma visão que poderia tomar as notícias como pertencentes a um lugar privilegiado, fora da experiência. Sendo assim, a notícia jornalística é tanto zona de afetação quanto de interpelação; de apostas e de inserção dos acontecimentos numa cadeia de causa/consequência; é ao mesmo tempo acontecimento e lócus de interpretação/sofrimento/passagem; é "lugar de experiência e ao mesmo tempo um lugar que interpreta e reconfigura a experiência. Fala da experiência do mundo, mas faz parte dessa mesma experiência" (Antunes; Vaz, 2006, p. 51). Em meio a isso, é válido perceber que o amplo processo de significação e de tangibilidade espacial produzido pelas notícias-dispositivo refigura a experiência não sem conflito, já que "o dispositivo midiático opera procedendo, por um lado, a um certo estilhaçamento de representação e, por outro, à sua mistura e recomposição" (Antunes; Vaz, 2006, p. 55).

Assim, é essencial notar que a *revelância* das notícias jornalísticas é permitida pela *revelância* mesma que opera junto à prosa do mundo, engendrada na experiência dos sujeitos: escutar as notícias no rádio não se isola do ato de levar o filho à escola e/

ou do trânsito na cidade; assistir o jornal da noite não se desvincula do momento de jantar em família, ou de zapear sozinho na sala, depois de um longo dia de trabalho; ler notícias na internet não desliga o sujeito de suas interações ciberespaciais, múltiplas, dispersas e incontroláveis. A *revelância* parece ser mesmo um movimento que acontece em meio a outros movimentos de presença e de significação, nem mais nem menos importantes – todos singulares. A defesa da notícia jornalística como aquela responsável por cristalizar uma espécie de enquadramento primeiro e oficial do sentido ignora, portanto, a relação entre notícia e formas de comunicação: como criaturas vivas, os sujeitos (produtores e consumidores ao mesmo tempo) experimentam o ambiente e produzem sentidos, a partir de outros sentidos e de outras formas de comunicação. Por essa visão, as notícias só se realizam enquanto tais a partir dos inúmeros e incalculáveis (des)encaixes sucessivos, em meio a um inacabado processo social de significação e de experimentação.

A notícia como experiência pública

Talvez um dos elementos mais conhecidos e responsável por legitimar o lugar do jornalismo nas sociedades modernas seja seu poder de agendamento frente àquilo que, genericamente nomeia-se como *interesse público*. Advoga-se para o conjunto de técnicas, métodos e regras de produção jornalística uma espécie de tarefa objetiva, supostamente distanciada das paixões e cientificamente comprovada, capaz de produzir a *verdade do presente*. Ora, esse discurso, que defende o lugar da objetividade no fazer jornalístico, é o mesmo que emoldura epistemologicamente toda a base argumentativa da ciência moderna, em sua busca desenfreada e irracional pelo método científico. É esse mesmo molde, portanto, que idealiza uma imagem de interesse público como algo que supostamente possa ser alcançado somente pelos sujeitos que se distanciam da experiência e que por isso mesmo, sejam capazes de *esclarecer* e de *iluminar* o restante dos pobres e desqualificados mortais, mergulhados no senso comum da vida social.

Obviamente, se a própria ciência tem revisto suas bases epistemológicas, movimento semelhante acontece com o jornalismo. Com isso, o deslocamento do lugar da ciência de *dona do olhar que enxerga a verdade* (Santos, 2003) parece também se reverberar numa espécie de deslocamento do lugar do jornalismo *de dono do olhar que enxerga o interesse público*. Sendo assim, se a notícia pode ser entendida como a *revelância* de algo que, em si mesmo, transcende-a em meio às experiências dos sujeitos e suas inusitadas formas de comunicação, um caminho bastante afim a essa perspectiva talvez seja aquele que problematiza não a *notícia como interesse público*, mas a *notícia como experiência pública*.

Qual seria mesmo a vantagem de adotar tal perspectiva? Em primeiro lugar, o termo *interesse* pressupõe algo que parece ecoar de um sujeito moderno, fixo, isento de paixões, criado para dominar sua própria condição animal e responsável por construir suas escolhas a partir de uma motivação unicamente racional-instrumental. Ora, essa ideia de sujeito já se estraçalhou há tempos, como nos aponta Hall (1999): os cenários de uma modernidade em crise evidenciam a existência de sujeitos plurais, múltiplos, partidos, estilhaçados, que pertencem a grupos diversos; que possuem não apenas razão, mas também sombra e inconsciente e que não conseguem simplesmente se livrar de uma experiência comum, esta que acolhe e organiza suas histórias junto a histórias de outros. São esses mesmos sujeitos que, em vários momentos de sua vida, se *assujeitarão* às notícias jornalísticas, seja como leitores, seja como profissionais-produtores, tomando-as enquanto (des)encaixes de uma experiência mais ampla, somente realizada (real e potencialmente) junto a outros sujeitos.

É esse movimento de *assujeitamento* – muito ao contrário de uma ação cunhada por um interesse unicamente racional – que constitui, junto às formas expressivas jornalísticas, sua própria relevância (e revelância) pública: a notícia se inscreve no mundo por um processo mútuo e recíproco de afetação, tanto da perspectiva de quem a produz quanto da perspectiva de quem a consome. Enquanto dispositivo, a notícia permite a criação de um *nós* sempre plural, partido, estilhaçado, múltiplo, não conhecido totalmente, que conecta a experiência de uns em meio à de outros. A notícia é isso: mais do que o resultado de um código profissional, mais do que a menor unidade jornalística transmitida em larga escala, esse ajuntamento discursivo realiza-se enquanto encaixe de uma experiência pública, por meio de uma configuração provocada pela vivência coletiva de uma dada situação, vivência que não se dá meramente pela dimensão coletiva ou de compartilhamento de representações e valores. A ação comum é fundamental: "Um público surge quando determinados acontecimentos, produtos, obras projetam (estabelecem) um contexto institucional, uma situação que provoca sentido e propicia às pessoas envolvidas passar pela mesma experiência ('sofrer a mesma experiência')" (FRANÇA, 2006, p. 80-81).

A relevância de uma notícia, por esses termos, não existe *aprioristicamente*; ela se faz e emerge provocada pela força de afetação de um *nós*, conformada por sujeitos em experiência, que participam simultaneamente de vários contextos institucionais dialogais e superpostos. É nesse sentido que a chave conceitual *espaço de experiência/horizonte de expectativa*, como categoria do conhecimento que indica "a condição humana universal" (KOSELLECK, 2006, p. 306; 308), pode nos ser útil para pensar no caráter público da experiência jornalística, permitida pela notícia:

> A experiência é o passado atual, aquele no qual acontecimentos foram incorporados e podem ser lembrados. Na experiência se fundem tanto a elaboração racional quanto as formas inconscientes de comportamento, que não estão mais, ou que não precisam mais estar presentes no conhecimento. Além disso, na experiência de cada um, transmitida por gerações e instituições, sempre está contida e é conservada uma experiência alheia. Nesse sentido, também a história é desde sempre concebida como conhecimento de experiências alheias. Algo semelhante se pode dizer da expectativa: também ela é ao mesmo tempo ligada à pessoa e ao interpessoal, também a expectativa se realiza no hoje,

> é futuro presente, voltado para o ainda-não, para o não experimentado, para o que apenas pode ser previsto. Esperança e medo, desejo e vontade, a inquietude, mas também a análise racional, a visão receptiva ou a curiosidade fazem da expectativa e a constituem. (p. 309-310)

Nesse sentido, o que nos parece é que a imagem de uma *tensão recíproca* entre as experiências que nos são alheias - amontoadas em fatias de tempos passados e avistadas em horizontes de expectativas futuras - e as nossas experiências mais próprias é capaz de se oferecer como um entendimento adequado à própria noção de experiência pública (Mafra, 2011). E é nesse ínterim que, muito mais do que algo que parte de um interesse público unicamente racional, as notícias emergem de um movimento público de experenciação: elas se fundam (e se fundem na experiência) por uma espécie de *lance recíproco* usinado pelo jornalismo, que conecta a experiência de cada um com as experiências alheias - ação essa que corresponde aos valores nucleares da atualização, da velocidade e da conexão multiespacial, constituintes de uma (pós/hiper)modernidade.

Sendo assim, dois elementos tornam-se essenciais na compreensão desse lance recíproco: a *pluralidade* - a experiência (de produção/de consumo) com a notícia revela o cenário de uma experiência plural, em que diferenças sempre se expressam, diante de um espaço público aberto a uma multiplicidade infinita de visões (Queré, 1995); e a *agonística* (Laclau; Mouffe, 1985) - a presença da diferença também insinua um processo de disputas e de lutas por ocupação de visões e articulações discursivas noticiosas, projetadas pelos veículos, até às disputas pela interpretação, estabelecidas entre os consumidores/ leitores/ ouvintes/ espectadores. *Pluralidade* e *agonística* fazem com que a notícia, como experiência pública, insinue a existência de uma prosa social, ora encaixada, ora articulada aos pedaços, ora (e quase sempre) as duas coisas ao mesmo tempo.

O estético, o público e o pragmático: o triplo estatuto da revelância

Se a relação entre relevância e interesse público não se mostra mais suficiente para explicar o papel social e o lugar de afetação pública ocupados pela notícia, a noção de experiência pública traria o indigesto perigo de se tomar tudo (e nada) como notícia? Quais garantias podem ser dadas ao campo profissional do jornalismo quanto ao impacto, ao papel, à legitimidade das notícias na sociedade? O que dizer aos estudiosos e aos profissionais do campo, que pretendem investigar e definir critérios de noticiabilidade? Ora, muito antes do que descaracterizar (ou banalizar) o lugar social do jornalismo nas sociedades contemporâneas, a visada da experiência pretende executar o movimento de deslocamento de suas premissas sem, contudo, deixar de reconhecer sua fundamental presença na manutenção de um modo de vida moderno em crise.

É assim que a visada da experiência não indica nenhuma garantia de relevância à notícia, *a priori*, sobretudo quando é tomada unicamente como resultado de padrões/técnicas profissionalmente acordados. Tal visada indica a necessidade de se abandonar a premissa do controle - não é possível controlar a relevância ao se distanciar da experiência - e de assumir a premissa da afetação/interpelação da notícia - a relevância é *revelância*, que se constitui na experiência de afetação e na edificação de uma interpelação estrategicamente distribuída (cujos "resultados" não poderiam nunca ser previstos totalmente) junto aos sem-fins contextos da vida social. Por tudo isso, aproximar notícia e experiência é algo que nos ajuda a pensar que a relação intrinsecamente estabelecida entre o *estético*, o *público* e o *pragmático* parece se constituir uma espécie de *triplo estatuto* conformador da *revelância* social da notícia.

A noção de *estética* parece instituir o estatuto da *revelância* na medida em que, muito antes do que a expressão de manifestações artísticas ou vinculadas ao belo, o termo estética indica, na visada de autores como Dewey (1980) e Gumbrecht (2010), o próprio processo de afetação, sobre o qual se constitui antes de tudo nossa relação com o mundo, com os sujeitos e com os objetos. Por esse caminho, a relação que nós, sujeitos, estabelecemos com as notícias (sejamos jornalistas, sejamos não jornalistas) passa também, e inevitavelmente, por um processo de afetação (ainda que velado), não pautado pela racionalidade. Sendo assim, o poder revelador das notícias carregaria fatalmente não apenas um sentido sobre o qual os sujeitos seriam convocados a se identificar e a interpretá-lo, mas sobretudo seria imantado por uma espécie de presença (Gumbrecht, 2010), física, corporal, que se abate sobre os sujeitos e os convoca a um engajamento não apenas interpretativo mas sobretudo estético.

E juntamente com a estética, a noção de *público* também parece constituir o estatuto da *revelância*, uma vez que o poder revelador da notícia se encontra, antes de tudo, na afetação provocada por sujeitos que compartilham de algum modo uma experiência em comum. Isso não significa que tal experiência seja equânime ou homogênea, mas que ela abre espaço para que, tanto os próprios jornalistas quanto os consumidores sejam vislumbrados enquanto assujeitados à experiência, afetados e interpelados por um processo sobre o qual eles não dispõem de total controle. Uma *revelância* é pública na medida em que a notícia se insere num movimento plural e agonístico de assujeitamento, provocando afetações de naturezas diversas, incidindo-se junto a experiências passadas e interferindo num horizonte futuro de expectativas, em meio a uma determinada coletividade unida por diversos lances recíprocos.

E juntamente com a estética e o público, a noção de *pragmática* também parece constituir o triplo estatuto da *revelância*, na medida em que sugere que a notícia se enreda numa teia imediata de significações e experiências, em contextos conformados por quadros valorativos e por situações nunca generalizáveis totalmente. O pragmatismo, protagonizado por inúmeras perspectivas (como a de Dewey, Mead, entre outros) sugere que as interações não podem ser pensadas fora de processos históricos, cunhados por dinâmicas que constituem as significações da vida social em permanente atualização e movimento empreendido pelos sujeitos. Por essa visada, as notícias enredam-se nessas teias de significações e experiências; convocam os sujeitos à prosa social sobre um mundo por eles conformado; indica o engajamento discursivo em campos problemáticos nunca descolados de processos interacionais, já em decurso nos inúmeros, inusitados e mutáveis quadros possíveis de interação.

Tomar a relevância da notícia por essa espécie de *revelância* constituída por um triplo estatuto é tarefa que nos ajuda a questionar antigas categorias e convocar o jornalismo a assumir um lugar de não domínio, frente a fenômenos sobre os quais ele mesmo submete sua força vital. Nesse sentido, o que seria mais relevante: a diversão jornalística ou a utilidade? O entretenimento ou a seriedade das notícias? O que diverte (tido como inútil) e o que instrui (tido como útil) parecem ter sua noticiabilidade constituída em torno de um mesmo fenômeno social, desempenhado por elementos que afetam (estético), que assujeitam (público) e que convocam os sujeitos a uma interação imediata (pragmático). Tal evidência nos obriga a abandonar juízos de valor ancorados previamente num certo intelectualismo militante e arrogante, instituído sobretudo junto a inúmeros sujeitos-jornalistas e assumir que, a depender da afetação, os fenômenos das celebridades se mostram tão relevantes para a vida social contemporânea quanto as notícias políticas e os embates econômicos entre os países no mundo.

Numa época em que muitas notícias são lançadas primeiro ao mundo por pessoas comuns (no Facebook, no YouTube, em blogs), para depois migrarem para o campo profissional do jornalismo, a vida social dobra-se diante de um loquaz imperativo: a notícia ocupa mesmo um lugar de agenciadora de experiências, frente à necessidade básica moderna de atualização. Quanto a isso, é válido, por fim, relembrar que essa atualização agenciada pela notícia permite estraçalhar a relação dogmática estabelecida entre jornalismo e presente: o triplo estatuto das notícias parece se realizar tanto por um espaço de experiências passadas quanto por um horizonte de expectativas futuras. Como um dos lócus fundamentais da experiência moderna do mundo, a notícia parece indicar que o jornalismo ocupa um espaço social muito mais complexo do que o suposto lugar de almoxarife do presente a ele atribuído muito comumente.

Síntese da questão

A dimensão da relevância da notícia ocupa um lugar fundamental na legitimação social do jornalismo. Portanto, torna-se tarefa central a investigação sobre o modo como tal relevância pode ser compreendida, sobretudo a partir de uma aproximação entre notícia e experiência. Tal visada nos permite superar a cristalizada relação de causa/consequência entre relevância e interesse público e aprimorar a compreensão da notícia a partir de seu poder revelador, diante da vida social.

PARTE 3

As mídias

CAPÍTULO IX

O que veio primeiro: o jornal ou o jornalismo?

Carlos Alberto de Carvalho

O paradoxo da granja, o jornal, o jornalismo e a notícia

A pergunta que dá título a este artigo remete facilmente àquilo que costumo jocosamente chamar de o "paradoxo da granja": *o que surgiu primeiro, o ovo ou a galinha?* Gosto sempre de lembrar que, se biólogos e demais especialistas em formas de vida ainda debatessem exclusivamente a partir de tal pergunta, que leva a possibilidades de respostas limitadoras, embora apaixonadas, por parte dos partidários de cada linha evolutiva, não teríamos, nas comemorações natalinas, aves como o chester. Somente ao sair do debate que pode facilmente levar a rodar em círculos improdutivos para uma outra pergunta, *o que é possível fazer para melhorar geneticamente ovos e galinhas?*, foi possível dar conta de outros caminhos de investigação.

Deixando as questões evolutivas de lado e voltando a atenção para o nosso tema, este espinhoso, propomos de saída uma resposta à pergunta desafiadora, que não deixa de também conter uma armadilha: o jornal surgiu primeiro, e o jornalismo é algo mais complexo do que parece à primeira vista. E mais complexo não somente por transcender seu primeiro suporte – o papel – como também por pressupor variáveis como linguagem, relações sociais, dispositivos diferenciados, estratégias narrativas distintas e múltiplas identidades daí derivadas.

Ao dar a resposta tão rapidamente, esperamos não ter caído em armadilha do tipo evolucionária, posto que o jornalismo, transcendendo o jornal, não faz sentido historicamente sem este, tomado como realidade física e como metáfora, à medida que falamos sobre e lidamos com o jornal impresso, o radiofônico, o televisual, o webjornalismo, etc. Fugir da armadilha tem como condição a necessária adoção, nos termos de Maurice Moulliaud (1997), do conceito do jornal como dispositivo, que incorpora as perspectivas físicas e metafóricas, ao mesmo tempo que expande as problematizações rumo à pergunta que de fato parece estar contida na proposição do artigo: o que são o jornal e o jornalismo? Ou ainda: em que medida o jornal e o jornalismo têm na notícia uma materialidade que pode ser tomada como sua razão mesma de existência, e por ser tão marcante na vida de ambos pode promover a confusão segundo a qual as teorias do jornalismo seriam as próprias teorias da notícia, limitando-se a estas? (Leal; Carvalho, 2012; Carvalho; Bruck, 2012).

Buscar respostas sobre o que são o jornal e o jornalismo significa considerar, em uma visada histórica que parece o melhor ponto de partida para nossa pergunta-armadilha, que não importam somente as questões sobre a evolução do jornal e do jornalismo a partir de dados cronológicos, como tem sido muito comum em estudos largamente difundidos (no Brasil, entre outros, Rizzini, 1988; Sodré, 1999). Embora haja, sem sombra de dúvidas, o *amadurecimento* do jornal e do jornalismo em uma linha cronológica – e de propósito deixamos de usar a palavra *evolução* para evitar supostos processos de mera sucessão temporal – os novos desafios impostos aos dois somente podem ser compreendidos melhor quando os inserimos em relações mais amplas e, consequentemente, mais complexas. Para nossos propósitos, pensamos que tais relações devem considerar ao menos noções como narratividade, interconexões com questões políticas, econômicas, culturais e comportamentais, entre outras, levando-nos à linha de raciocínio de que o jornal e o jornalismo emergem como produções sociais que transcendem qualquer noção restritiva de jornal.

No começo, o jornal

Afirmar que o jornal veio primeiro, e somente após ele surgiu o que hoje denominamos jornalismo é reconhecer que as primeiras formas de divulgação de informações não experimentaram a sofisticação pelas quais, sobretudo da segunda metade do século XIX em diante, ambos passam a apresentar. Mas é, ainda que isso pareça contraditório, também admitir que o jornalismo tem seu gérmen antes desse período de amadurecimento à medida, por exemplo, que as folhas impressas de circulação regular já nascem, no século XVII, com os rudimentos de noções como qualidade gráfica e visual, do mesmo modo que os textos para elas produzidos deveriam se "conformar" às especificidades de circulação e leitura do material disponibilizado. Em outros termos, as primeiras folhas ou panfletos impressos que se encontram na "pré-história" do jornalismo apresentavam as características típicas dos dispositivos de informação noticiosa, tomando aqui o conceito de Moulliaud (1997), que entende o dispositivo jornalístico como aquilo que, na sua configuração material e simbólica particular, prepara para os sentidos do que é informado.

Desse modo, o dispositivo jornal impresso começa a nos indicar sentidos e mesmo a nos orientar para a sua leitura a partir de um nome que o particulariza, que o torna singular frente aos demais, ainda que mantendo certas similitudes. Lemos o *Estado de Minas*, a *Folha de S.Paulo* ou *O Globo* já sabendo de antemão onde encontrar seções, colunas, articulistas, assim como temos uma certa expectativa quanto às formas de abordagem dos acontecimentos narrados, posto que cada um tem uma identidade editorial. Chegamos mesmo a classificá-los como mais modernos ou mais conservadores, a despeito de todas as dificuldades de se pretender que os jornais tenham uma única identidade, seja ela editorial, seja mesmo de linguagem.

Também temos certas regularidades nas emissões jornalísticas radiofônicas e televisivas que nos permitem identificar os jornais e o jornalismo aí produzidos segundo características próprias. O advento da internet traz possibilidades novas para o jornalismo que, embora ainda não tão consolidadas quanto as formas mais tradicionais a que nos referimos antes, apresentam aspectos particulares segundo a noção de dispositivo. Por exemplo, as possibilidades de leitura a partir de *links* e a incorporação, em um único ambiente, das informações escritas, visuais e de áudio, expandindo as perspectivas de narrativas jornalísticas audioverbovisuais.

Se o dispositivo jornal surge primeiro, o dispositivo jornalismo resulta de novas demandas sociais relativas à informação, à medida que a própria sociedade progressivamente se torna mais complexa em suas dimensões políticas, econômicas, culturais e comportamentais. Como indica, entre outros, Adelmo Genro Filho (1987), se até meados do século XIX ainda era possível detectar um jornalismo mais voltado para os embates políticos, de natureza panfletária, a expansão do capitalismo propicia uma simbiose com o jornalismo que o leva à condição de produção voltada para o lucro, mas com a especificidade de ser uma mercadoria de natureza fortemente simbólica.

O que temos, assim, são as condições históricas ideais para modificações nos dispositivos jornais e jornalismo. O primeiro, ainda somente na forma impressa, sofistica-se gráfica e visualmente para atrair novos leitores – incorporados sobretudo pelo aumento de poder aquisitivo e do nível de educação formal da população. O segundo adquire novas feições estéticas e linguageiras, adotando formas de apresentação das informações que indicam o nascimento da notícia como a conhecemos hoje: variada quanto às temáticas abordadas, produzidas segundo padrões de linguagem mais ou menos estáveis – no mínimo previstos, mais adiante, em manuais de redação – de forma a atender aquele público leitor em expansão.

A ideia do jornal também como metáfora para o dispositivo sociotécnico especializado em difundir um tipo específico de informações, os acontecimentos cotidianos, resumidamente, vai ganhando força com a chegada do século XX. O surgimento e a sofisticação da fotografia e do cinema a partir da segunda metade do século XIX e do rádio e da televisão já no século XX fazem com que tenhamos que olhar retrospectivamente para o jornal como meio físico e como metáfora que nos leva à necessidade de lidar com o conceito de jornalismo de modo a simultaneamente tomá-lo como mais complexo do que a noção de jornal, mas sem o risco de considerá-los como duas realidades desconectadas entre si.

No meio, o jornalismo

As mudanças em ritmo acelerado da natureza dos jornais que indicamos anteriormente conduzem ao conceito cada vez mais necessário do jornalismo como um dispositivo simbólico, como um mediador social cuja especificidade mais evidente, embora não a única, é transformar em narrativas os acontecimentos cotidianos da vida social e do mundo natural. Ainda que haja polêmicas sobre o acerto de determinados conceitos, lembramos que há quem proponha noções como jornalismo de entretenimento, não necessariamente produzido a partir de acontecimentos, mas abrangendo, por exemplo, histórias em quadrinhos sem vínculo obrigatório com os eventos noticiados. Importante também é destacar as diversas concepções que indicam o jornalismo como um construtor de realidades, a partir mesmo dos modos como narra os acontecimentos. Transformar em narrativas os acontecimentos cotidianos implica uma diversidade de negociações que o jornalismo estabelece com outros atores sociais, posto que aquilo que é trazido à cena pressupõe construções de linguagem específicas a partir da captura de dados sobre os acontecimentos junto a fontes variadas.

A diversidade de acontecimentos, pessoas, entidades e fontes implica para o jornalismo uma negociação permanente de sentidos. Ou seja, escolher palavras, dispor imagens, organizar em páginas, *links*, blocos e outras formas de edição jornalística é dotar de significados aquilo que é noticiado. Sabemos que uma notícia que aparece na primeira página de um jornal impresso, que ocupa maior tempo no rádio ou na televisão ou que na internet se desdobra em interconexões foi considerada como mais relevante do que as demais, decisão que não é aleatória, mas remete a um jogo de múltiplos interesses, exigindo complexas operações de seleção dos acontecimentos que serão noticiados e do modo como o serão.

Envoltos em jogos de interesse e em disputas de sentido, os acontecimentos noticiados se apresentam como o desafio permanente para jornalistas, à medida que, a despeito de técnicas de redação mais ou menos estáveis, cada narrativa requer uma cuidadosa escolha de palavras. Narrar, como lembram diversos estudiosos, como Paul Ricoeur (1994), é articular a armação de uma intriga à temporalidade. Consequentemente, pensando nas narrativas jornalísticas, trata-se, por exemplo, em uma notícia sobre um acontecimento político, de situá-lo no presente, a partir de interconexões com o passado, com outros acontecimentos que o antecederam ou que ajudam a compreendê-lo, e também fazer projeções sobre o futuro – tais como eventuais desdobramentos possíveis. Mas a narrativa sobre esse acontecimento é articulada, é tecida a partir de fontes ouvidas, de personagens construídas no texto com o objetivo de dar inteligibilidade ao que é contado.

Certamente essa característica do jornalismo – a narratividade – embora já presente como rudimento naquelas primeiras folhas e panfletos que inauguraram a era da massificação da difusão de informações, sofisticou-se a partir do início do século XX. Noções como objetividade, neutralidade e isenção, embora hoje reconhecidamente incapazes de explicar o que é a atividade jornalística, bem como inexistentes na prática cotidiana da produção noticiosa, foram fundamentais para o estabelecimento de um outro patamar para os modos de narrar os acontecimentos. A necessidade de dar à narrativa jornalística ares de objetividade, por exemplo, requereu a permanente sofisticação dos modos de contar noticiosamente o mundo, contrapondo-se à linguagem panfletária que muitos estudiosos apontam como a característica mais marcante do jornalismo praticado até os finais do século XIX.

Se a inauguração de novas modalidades jornalísticas preocupadas com uma narrativa mais "enxuta" não eliminou os pontos de vista particularistas de proprietários, jornalistas, fontes ouvidas e outros atores sociais nas notícias reportadas, ela certamente veio atender demandas pautadas pela necessidade de ampliação do público consumidor, como já indicamos. Não se trata, porém, de modificações que possam ser entendidas de maneira reducionista tão somente a partir das necessidades das empresas jornalísticas. O que parece mais evidente nessa transformação do jornalismo é a articulação de uma multiplicidade de fatores: demandas crescentes por notícias sobre os mundos da economia, da cultura, da política, das artes, dos esportes, do comportamento, das cidades, enfim, de acontecimentos ocorridos em sociedades cujos níveis de complexidade e heterogeneidade de interesses e diversidade de identidades individuais e coletivas pressionavam por um jornalismo mais diverso.

Nesse ponto podemos compreender melhor por que não é possível pensar somente no jornal, ou separadamente no jornalismo evitando, assim, repetir o efeito do paradoxo da granja. Repetindo: se o jornal como realidade física antecede o jornalismo, pelas condições indicadas, tomar o jornal em suas dimensões físicas e metafóricas nos esclareceu sobre como o jornalismo é posterior ao jornal, mas não pode ser pensado sem este. É assim que o jornal – realidade física – tem se metamorfoseado ao longo dos séculos, saindo da sua materialidade de papel para novos suportes, notadamente o rádio, a televisão e a internet. Mas, à medida que o concebemos metaforicamente, chegamos à noção do jornalismo, que se torna concreto a partir do jornal, mas que está presente também em uma enorme variedade de dispositivos: além dos já citados logo acima, temos também as revistas, até aqui ainda não lembradas, e que exigem especificidades na construção das narrativas noticiosas.

As variadas características que o jornalismo historicamente vem adquirindo têm levado, já de longa data, à proposição de chaves teóricas e metodológicas para a sua compreensão. Nesse sentido, há atualmente um vasto campo de estudos, situados em perspectivas analíticas às vezes conflitantes, cujo objetivo é compreender, entre outros fatores, critérios de noticiabilidade, características da linguagem jornalística, questões éticas e legais implicadas nos processos de produção e circulação do jornalismo e as complexas negociações sociais que este empreende com outros atores da sociedade. Esses elementos já estariam presentes nos primeiros estudos identificados como voltados à compreensão do jornalismo, como os de Tobias Peucer (Peucer, 2004; Tambosi, 2004; Sousa, 2004) e de Otto Groth (Genro Filho, 1987). A preocupação com o jornalismo indica que sua importância social em campos como política, economia, cultura, comportamento, entre outros, faz com que ele se transforme em objeto de pesquisa, em enigma a ser decifrado, tal como, a partir dos pioneiros, tem-se crescentemente observado. Essa mesma condição se aplica ao jornal, que pode ainda ser escrutinado somente a partir dos seus aspectos gráfico-visuais, por exemplo.

No fim, a notícia?

A notícia é a "unidade significativa" e a materialidade mais evidente do jornal e do jornalismo, e essa sua força induz facilmente a que se tente reduzir os dois a ela, como já alertamos. Seria possível, por outro lado, considerá-la como o "melhoramento genético" que teria resultado das combinações entre jornal e jornalismo: o nosso chester, mais carnudo? Outra vez a armadilha se coloca em nosso percurso reflexivo, dado que muito do que se tem produzido sob a denominação de "teorias do jornalismo" mostra-se, quando sob um olhar mais atento, como meras cristalizações de impressões sobre o que seria a notícia. Armadilhas, é necessário reconhecer, o são precisamente porque ocultam os perigos: do queijo atraente de uma ratoeira a um buraco na trilha encoberto por galhos e folhas, elas não permitem às suas vítimas identificá-las pelo que aparentam ser.

E o que as notícias aparentam ser? Parece-nos, quando pensadas, por exemplo sob a perspectiva dos critérios de noticiabilidade, mera realidade quantitativamente mensurável por supostos valores universais. São por demais conhecidas fórmulas – ligadas aos critérios de noticiabilidade – como "se um cão morde um homem não é notícia, mas se um homem morde um cachorro, é manchete"; ou "boa notícia é notícia ruim" (que trata de algum acontecimento negativo). No primeiro caso, a "qualidade" do cão que morde ou do homem mordido é suficiente para colocar abaixo o critério estatístico, de raridade, do exótico como norteador da atratividade informativa. Quantas notícias, afinal, não nos chegam sobre cães de raças como *pitbull* que atacaram as pessoas, em alguns casos levando à morte? E se o cão estiver com raiva, ou leishmaniose, outra vez o quantitativo cederá lugar ao qualitativo. Se o homem mordido for um político de alta envergadura, um jogador, uma atriz ou qualquer outra celebridade, novamente o critério quantitativo será deixado de lado. Quando pensamos na fórmula "o ruim é o bom" deixaríamos de noticiar descobertas científicas revolucionárias, queda na inflação, juros mais baixos ou uma boa estreia no cinema, acontecimentos que, ao contrário, povoam nossos jornais.

Uma diversidade de outros exemplos poderia ser acionada para a indicação do quanto a notícia tem sido considerada como a realidade última do jornalismo, mas como ilustração fiquemos no já dito. O que queremos indicar é que a notícia não é o fim de uma cadeia de transformações que começa com o jornal e se complexifica com o jornalismo. Desse modo, é até mesmo possível pensá-la em sentido inverso ao título deste tópico, pois se estamos propondo que jornal, jornalismo e notícia não podem ser vistos sob a perspectiva do paradoxo da granja, do que veio primeiro conduzindo a embates meramente evolucionistas, ela é, quando nos marcos de reflexões teóricas e desafios metodológicos, um ponto de partida fundamental. Como ponto de partida, no entanto, não se trata de pensá-la como a realidade última, como a essência por trás do jornal e do jornalismo, mas como um fenômeno capaz de indicar percursos teóricos e metodológicos que levem em conta todas aquelas variáveis que indicamos anteriormente.

É a partir da notícia, mas nos marcos interpretativos que a interconecta com o jornal e com o jornalismo, que nos serão possíveis investigações que levem em conta noções como historicidade, narratividade, relações com o mundo social e seus variados atores, negociações de sentido sobre os acontecimentos narrados, entre outras. Em suma, o desafio é pensar o jornal, o jornalismo e a notícia para além do paradoxo da granja e dos limites que impõem para compreendê-los em suas complexidades e riquezas.

Síntese da questão

Compreendida em sua historicidade, é possível repensar as maneiras como se articulam notícia, jornal e jornalismo. As dimensões técnicas, os modos de narrar, a problemática da linguagem, a maneira de visar acontecimentos e a configuração sob a forma de dispositivo são aspectos que, no seu conjunto, permitem abordar tais relações como complexos processos de negociação de sentidos que desafiam um olhar naturalizante e a-histórico sobre os processos jornalísticos.

CAPÍTULO X

O jornalismo anda de carro?

Bruno Souza Leal

Uma das metáforas mais naturalizadas e menos exploradas no âmbito do jornalismo diz respeito ao entendimento da mídia informativa (também chamada "mídia noticiosa") como "veículo". A imagem é clara: um veículo é um meio de transporte, uma espécie de "carregador" daquilo que realmente importa: a notícia, a informação, o "conteúdo". Quando olhamos com mais cuidado para essa imagem, mesmo em seus usos mais cotidianos, os problemas começam a surgir. Parece claro chamar um jornal impresso diário de "veículo", assim como uma revista. Até aí, aparentemente, tudo ok. Mas quando saímos do impresso, como ficam as coisas? Um telejornal ou um radiojornal é um veículo? Mas ele não é um programa no interior de um canal? Seria plausível, então, chamar o canal de veículo?

Essas perguntas fazem ver, por um lado, que o termo "veículo" é pertinente e aparentemente preciso quando se tem em vista produtos da mídia impressa, mas que guarda imprecisões quando ampliamos nosso olhar para outros produtos jornalísticos. Além disso, permitem ver que "canal", como um termo típico dos meios radiofônicos e televisivos, e "veículo" guardam semelhanças e indistinções incômodas. Afinal, "canal" é o "suporte" de um conteúdo, a programação, e esta, por sua vez, seria o "conteúdo" do canal, sendo composta de... programas! Um telejornal, como um programa, é, então, ao mesmo tempo, um veículo e um conteúdo? Uma notícia telejornalística seria, nessa perspectiva, o conteúdo de um conteúdo?

Se ampliamos mais ainda nossa percepção dos produtos midiáticos, incluindo, além das chamadas mídias tradicionais, toda a diversidade de formas e processos que existem na internet, as coisas ficam ainda mais complicadas. O que seria um veículo na web? Um portal, uma webpage, um blog, todos eles? Mas blog não é ao mesmo tempo um "formato" e um "conteúdo"? Um portal não pode ser composto de páginas, blogs e seções? Usar o termo aplicado à web seria dizer de um veículo que tem veículos que leva a outros veículos? Se alguém quiser tornar tudo ainda mais complicado pode lembrar que, ao contrário da TV e do rádio, na *web* é preciso programas para que *sites* sejam construídos e gerenciados, para que, por sua vez, possam abrigar programas diversos.

Nesse cipoal (ou seria melhor dizer "engarrafamento"?) de termos que se superpõem e se deslocam, mesmo que milimetricamente, é possível observar não só recorrências mas algumas questões de fundo, para as quais um pouco de revisão histórica ajuda a sugerir certos caminhos. No entanto, o percurso que se vislumbra, em vez de fechar, estabilizar, simplificar as coisas, parece levar a novas perguntas. Quem sabe, porém, ao final, possamos fazer perguntas melhores, com menos repetição de palavras e frases que não pareçam tão tautológicas. Afinal, saber não envolve exatamente a capacidade de fazer mais e melhores perguntas?

De onde vem o veículo?

Nos estudos em comunicação, o termo "veículo" ganha força com o desenvolvimento do chamado paradigma *linear*. Desenvolvido no século XX, o paradigma linear ou informacional repercute até hoje no entendimento dos processos comunicacionais, estando na base de teorias, hipóteses e conceitos. Ele nasce, significativa e curiosamente, nos estudos de cibernética, que buscavam apreender os fluxos – não humanos – de transmissão da informação. A fórmula é bastante conhecida: um emissor envia uma mensagem (informação, *input*, etc.), através de um canal, a um receptor, que então a decodifica e reage a ela. Como se vê, essa fórmula, se é facilmente aplicável à conexão entre máquinas, é bastante empobrecedora no que diz respeito à comunicação humana, o que gerou grande parte das críticas que recebeu. Essas críticas e as revisões que se fizeram frequentes em diferentes partes do mundo possibilitaram a constituição de um novo modo de entendimento do processo comunicacional, e a instituição de outro paradigma – chamado de relacional – mais adequado às interações entre as pessoas.

Largamente difundido, o paradigma informacional gerou uma série de imagens e termos ainda frequentes no cotidiano e nos estudos da comunicação, como "receptor passivo", emissor, canal, etc. Ele claramente opera a partir de certas dicotomias, como emissor/receptor e forma/conteúdo. Neste último caso, a mensagem seria o conteúdo, que não sofreria nenhuma ou quase nenhuma interferência do seu veículo de transmissão, o canal, entendido então como um suporte, quase sempre tecnológico, cuja eficácia, aliás, estaria ligada exatamente à sua maior ou menor indiferença ou interferência em relação ao conteúdo. Um canal eficaz seria aquele cuja qualidade do sinal, cujo poder de transmissão, garantiria que a mensagem, em sua inteireza e especificidade, chegasse de modo mais claro possível ao receptor.

No entanto, é de se perguntar: é isso que se espera de um "veículo jornalístico"? Aparentemente, sim. Afinal um web/tele/radio/jornal tem como propósito levar a informação às pessoas e deve interferir o menos possível nela. Até porque há quem entenda que a informação jornalística seja (ou deva ser) neutra, fiel aos fatos, objetiva. Se a notícia é/deve ser assim, o veículo jornalístico não pode ser outra coisa senão um canal, um suporte para sua difusão. Nesse momento, portanto, vemos que a metáfora do "veículo jornalístico" se vincula também a um entendimento acerca do que é o jornalismo e dos valores que o regem.

No entanto, ainda que bastante difundido, esse modo de conceber o jornalismo não é certamente único. Em várias esferas, a visão da notícia como neutra e imparcial já recebeu diferentes críticas, desde as que recusaram totalmente essa qualidade até aquelas que, reconhecendo seus limites, afirmam o compromisso do jornalismo com a verdade e com a fidelidade aos fatos. Nesse sentido, é significativo observar que "objetividade", menos que um termo claro e preciso, é uma expressão que ganha diferentes significados ao longo da história e mesmo em diferentes contextos. Da mesma forma, metáforas como a do jornalismo como "espelho do real" também têm diferentes usos e implicações, sendo muito menos estáveis do que alguém imaginaria a princípio. Aliás, a imagem do jornalismo como espelho, reforça e dá novos contornos à expressão "veículo jornalístico", que se apresenta claramente como suporte, mas também como moldura, limite, enquadramento, ou seja, como portando relações que tanto carregam o conteúdo (o "reflexo"), como definem a sua qualidade e seu modo de existência.

Assim, uma visada mais atenta acerca dessas (e de outras) metáforas recorrentes no jornalismo nos permite refletir sobre as contradições e as ambiguidades que marcam esse fenômeno histórico-social. Afinal, em que pesem muitas simplificações, o jornalismo tem muitas caras, múltiplas dimensões, abriga uma diversidade de relações em seus processos internos e nos seus diálogos com as demais instituições e agentes sociais, apresentando ora grandes, ora sutis mas sempre significativas variações ao longo do tempo e das diferentes realidades econômico-culturais.

Numa perspectiva relacional, um jornal, uma revista, um programa de rádio, uma emissora de TV, um portal de *web*, um *blog*, etc., não são simples veículos. Eles comportam um conjunto de relações que não só dizem o que ele é, como conformam também as notícias que apresentam. É preciso ainda ter em mente que, quando olhamos para o "veículo" jornalístico, a metáfora – automobilística, para alguns – tem nuances bem interessantes que nos auxiliam a superar essa visada, redutora, do paradigma informacional. Sabemos que lemos, ouvimos, vemos notícias, mas sabemos também que compramos, assistimos, ouvimos e navegamos por "veículos". Assim como um carro, os veículos jornalísticos têm nome, têm classe, têm tipo, são reconhecidos por suas qualidades positivas e negativas. Eles têm algo que podemos chamar de identidade, não? Essa identidade é algo dependente tanto daquilo que apresentam numa edição, como da memória que - eles e nós, seus consumidores - temos de certas características gerais que definem o produto e aquilo que nos oferece de informação. Essa identidade depende ainda dos demais produtos, com os quais um "veículo" tem uma relação ambígua: tanto concorre com eles quanto depende deles, pois eu sei, por exemplo, que este jornal não é outro em parte pelas características que o distinguem contrastivamente dos demais.

Essa ambígua relação de concorrência e de dependência alcança várias dimensões dos produtos jornalísticos. Cada mídia informativa, por exemplo, materializa, personifica, um entendimento acerca de valores historicamente associados ao jornalismo e que circulam por entre os agentes que o produzem. Esse entendimento possibilita a identificação de uma mídia informativa e sua distinção das demais. Ele também é decisivo para a leitura do mundo e dos acontecimentos nele presentes, o que condiciona claramente o que será notícia e como ela será construída. Esses valores, tal como configurados pela mídia informativa, são também decisivos para as relações com os leitores, ouvintes, espectadores, etc. Afinal, quando falamos num carro tal ou qual, já sabemos mais ou menos, por antecipação, que classe, que tipo de produto é esse e o que se espera que ele apresente a nós. Não acontece o mesmo com o "veículo" jornalístico? Assim como falamos de um consumidor de tal ou qual marca de automóveis, sabemos - ou supomos haver - um leitor de *Veja*, o ouvinte da *CBN*, o telespectador da *ESPN*, do *Fantástico*, o leitor do *Uol*, do *G1*, e por aí vai. Esse consumidor, menos que apenas alguém que vai buscar informações, toma a mídia informativa como sua, compartilhando - não sem conflito - valores e perspectivas. Menos que um veículo, um suporte para as informações, as mídias informativas passam a ser vistas, então, como espaços de experiência, como lugares de pertencimento e, mais ainda, como sujeitos sociais com os quais nos relacionamos.

Um sujeito em suas partes

Se um objeto, como um automóvel, certamente tem uma cara, uma identidade, que o diferencia dos demais, o mesmo pode ser dito dos veículos jornalísticos, se levarmos a metáfora a sério. O seu nome, por exemplo, não é algo indiferente. Como observa o pesquisador francês Maurice Mouillaud (1997), em um estudo seminal sobre o "jornal cotidiano", mais que um título, o nome do "veículo" constitui uma espécie de assinatura, que ao mesmo tempo o unifica internamente e o distingue dos demais. No primeiro caso, vemos que qualquer "veículo jornalístico", seja ele jornal impresso, seja telejornal, radiojornal, portal, etc., traz uma infinidade de nomes: de seções, de repórteres, de apresentadores, colunistas, etc. Esses nomes, remetendo a pessoas ou não, caracterizam espaços internos, são partes de um todo (o "veículo") e servem, então, tanto para identificá-los como para reforçar a assinatura principal. O âncora X é ao mesmo tempo alguém e o apresentador do telejornal tal. O colunista Y é um jornalista que atua e trabalha para aquele jornal. O nome do "veículo", portanto, funciona como um grampo, uma cola que junta esses diferentes outros nomes num só, o principal, conferindo-lhes e compartilhando com eles uma identidade. Afinal, alguns colunistas são a "cara" de certas revistas, assim como o "boa noite" do âncora pode ser a marca registrada... do telejornal.

Por outro lado, o nome do "veículo" permite que a gente saiba reconhecê-lo em meio aos demais. Esse reconhecimento diz claramente de aspectos ideológicos, políticos, de preferências temáticas e modos de tratamento dos acontecimentos sociais e das notícias. Numa banca de revista, por exemplo, escolher entre a *piauí*, a *Veja* e a *Caras* é optar por certas notícias e não outras, por um modo de escrita, por um conjunto de temas e por uma posição em relação a eles. Seria possível dizer, então, que essa opção seria por diferentes... jornalismos? Deixando essa pergunta propositalmente no ar, podemos observar nesse momento que o nome do "veículo" tem uma função ao mesmo tempo concorrencial e complementar aos demais, pois permite diferenciar o *G1* do *Uol*, a *Veja* da *Época*, o *Jornal Nacional* do *Jornal da Record*, e também situá-los um em relação aos outros, seja compartilhando, seja recusando certos valores e modos de entendimento do mundo e do jornalismo.

Observar o jornalismo a partir de seus "veículos" então é considerar um conjunto de relações bem peculiares, distintas daquelas que se reconhece na notícia. Ambos, notícia e mídia informativa passam a ser vistos como *dispositivos* que mantêm especificidades e são também interdependentes. A apreciação acerca dos nomes, por exemplo, faz ver que os "veículos", ao contrário das notícias, são marcados pela expectativa da repetição, não da novidade. Espera-se que, a cada edição, um (tele/radio/*web*) jornal ou revista traga notícias novas, mas ele deve sempre manter-se o mesmo, estética e editorialmente, pois precisa ser reconhecido por aqueles que o consomem. Assim, dizer que o jornalismo tem compromisso com o novo revela-se algo mais complexo. Não é certo que a cada edição uma mídia informativa traga notícias inteiramente novas, até porque há histórias que continuam, que se repetem, assim como aqueles acontecimentos regulares do calendário (como os Dias dos Pais e das Mães, o Carnaval, o Natal, as férias de início de ano, etc.), que geram narrativas muito parecidas com as do ano anterior e do ano... seguinte.

Se, em relação à notícia, a novidade tem nuances, o mesmo se pode dizer quando olhamos para a mídia informativa. Seria realmente muito estranho se toda vez que entrássemos na internet, no nosso blog ou portal favorito, encontrássemos algo *inteiramente* diferente. Se é necessário que reconheçamos "nossas" mídias informativas, elas não podem nem se renovar totalmente, a cada vez que as reencontramos, nem deixar de trazer algo diferente, sob o risco de não ser necessário ou até mesmo possível que a busquemos outra vez. Menos que valores ou qualidades absolutas, portanto, repetição e novidade constituem relações interdependentes: é partir da manutenção do "veículo" como o *igual*, que sabemos das novidades, das notícias da vez; é a partir da renovação das suas informações e de suas formas que a mídia noticiosa pode ressurgir como *outra*, a cada edição.

Isso é dizer que a mídia informativa é marcada por relações de familiaridade. Há uma piada que ilustra bem isso. É a história da mulher (ou do homem, conforme a variação) chique, superprofissional bem-sucedida/o, que, ao final do dia, só quer chegar em casa, pôr *seu* chinelo, ver *sua* novela (ou *seu* jogo de futebol) e fumar *seu* cigarrinho. O humor viria, nessa historinha, do contraste entre a imagem pública, bem produzida e limpa do(a) profissional e a cena privada, comum, corriqueira e desglamorizada. O curioso é observar que a cena doméstica implica a apropriação de produtos midiáticos: não é ver uma novela ou um jogo, mas aquele tomado como *seu*. No caso das mídias noticiosas, essa relação claramente se mantém. Diante da diversidade de *sites*, *blogs*, portais, muitas pessoas procuram aqueles que mais gostam, com os quais se identificam e se reconhecem. Ler um jornal ou uma revista, por exemplo, é reencontrar uma relação familiar, é reafirmar um hábito. Quantas pessoas não chegam em casa e ligam a TV naquela *sua* emissora, na expectativa daquele programa? Ou então acordam e buscam *sua* revista ou entram na internet para ir a *suas* páginas/redes favoritas? Esse movimento de apropriação é decisivo para o funcionamento das mídias, de modo geral, o que inclui as informativas e que faz da repetição de suas formas, de seus processos e de até mesmo de suas notícias algo imprescindível. Afinal, um possível leitor, na sala de espera do consultório médico, não espera ver, em *Caras*, imagens de violência, crimes e guerras, não é mesmo?

A cara do sujeito

Reconhecer uma mídia noticiosa, chamar um "veículo jornalístico" de seu, observar o papel que seu nome desempenha, como vimos, nos leva a entender então que ele tem algo que se pode chamar de identidade. Todo o percurso em torno da metáfora do "veículo", aliás, nos obriga a considerar que, mais que um simples suporte ou canal, um "jornal" tem uma cara, e ela está imersa em relações multifacetadas e distintas às da notícia. Na reflexão em torno da identidade desses "veículos jornalísticos", um primeiro cuidado é evitar cair em visões fundamentalistas ou equivocadamente redutoras. Tais visões são frequentemente questionadas quando tratamos das identidades humanas, individuais e coletivas, e envolvem, por um lado, a recusa à crença em uma identidade estável, essencial, que não se altera em meio às relações e ao longo do tempo. Por outro, envolvem imagens das identidades como camisetas que se pode trocar a qualquer momento. Entre esses dois extremos, talvez seja prudente trilhar o caminho do meio.

A identidade da mídia noticiosa, como qualquer outra, se produz em meio a uma diversidade de tensões. O primeiro equívoco, então, é achar, por exemplo, que a *Folha de S. Paulo* é o mesmo jornal desde sempre, que a *Veja* foi sempre assim, que tal rádio é a mesma. Uma identidade não é definida de modo unívoco, envolve autopercepção, os entendimentos dos outros, historicidades. Assim, por exemplo, uma mídia pode se achar isenta e neutra e não ser percebida como tal por seus consumidores, concorrentes, etc. Ao longo de sua história, toda e qualquer mídia informativa se modifica, ajusta-se, altera-se ao sabor das transformações e relações sociais em que está inserida. Nesse sentido, quando perguntamos sobre a identidade de uma mídia informativa seria prudente e esclarecedor complementar: "para quem?"; "quando?"; "sob que perspectiva?", etc.

No caso do jornalismo, muitas vezes confunde-se a identidade de uma mídia informativa com sua linha editorial. No entanto, a definição dessa linha é uma manifestação pública da mídia sobre si mesma, materializa a maneira como ela se vê e quer ser vista, num determinado momento. Não é que não seja confiável, obviamente, mas é uma ação e uma percepção que não necessariamente tem autoridade exclusiva para definir "quem sou eu". Afinal, sendo uma relação, uma identidade depende das outras com as quais dialoga e das quais busca se distinguir.

Se a identidade se altera, conforme relações contextuais e transformações históricas, ela não é também homogênea, simples. Nós, os indivíduos, somos claramente seres contraditórios, não possuímos plena certeza a respeito de nada. Sendo assim, seria estranho supor que as mídias informativas - produtos humanos, feitos por pessoas - fossem sem contradições. Considerando a variedade de nomes e sujeitos que fazem as mídias noticiosas e a diversidade de relações em que estão inseridas, é mais razoável supor que as contradições, menos que exceções, constituem a condição de sua existência, não? Um jornal impresso diário, uma revista eletrônica, um programa de rádio não tem seções, blocos, partes, editorias? E em cada uma delas sua "cara" não se altera um pouco, a ponto de seus consumidores preferirem umas às outras? O jornal impresso do caderno de cultura é o mesmo da seção local ou de política? Um telejornal em seu primeiro bloco tem as mesmas características que nos seus minutos de encerramento?

Perceber que a identidade de uma mídia informativa não é estável nem sem contradições, porém, não é achar que ela muda a cada momento, a cada instante. Como vimos, as mídias noticiosas têm no reconhecimento e na familiaridade alguns de seus pilares. Assim, se a cada hora elas forem outras, o hábito de leitura, a sua apropriação por parte dos consumidores será enormemente dificultada. Ter contato com uma mídia informativa é, quase sempre, um movimento de reencontro, de tornar a ver. Na sua variedade interna, no sabor dos vários acontecimentos e das tensões da vida social, as mídias informativas são marcadas então pela necessidade de serem as mesmas, sendo sempre outras. Algo deve permanecer, durar, por algum tempo. Em toda mídia informativa, então, há elementos que se repetem: o padrão gráfico, o ritmo da locução, a concepção do temário e de organização das notícias, e outros que variam, como a informação de cada hora, minuto, dia, semana, etc. Qualquer alteração nesses elementos que permanecem é feita com cuidado, anunciada com antecedência, de modo a preparar os interlocutores e evitar a quebra das relações habituais de identificação.

Um aspecto delicado dessa tensão entre permanência e novidade é que a cada edição, a mídia, mesmo em seus aspectos mais estáveis, é sempre atualizada, renovada, para uma audiência. Assim, por mais rígido que seja seu projeto gráfico, por exemplo, ele sempre terá que ser refeito a cada vez que uma edição for ao ar, lançada, impressa, etc. Ao mesmo tempo, esse "formato", essa "estrutura", ao pedir o reconhecimento do leitor/consumidor, deve ser também por ele atualizado, ou seja, tornado vivo, apropriado, realizado, por aqueles que "fazem", ou seja, aqueles que o fabricam e aqueles que o consomem. Isso é dizer que até aquilo que parece estável tem uma alguma mobilidade. Algumas pessoas talvez tenham a experiência clara dessa situação quando, ao navegar ou folhear sua mídia favorita, se deparam com seções ou recortes que, até o momento, haviam passado despercebidas. As mídias informativas estão inseridas em dinâmicas comunicacionais complexas, e sua forma aparentemente estável pode ser vista como um agir que depende e se efetiva em seus interlocutores. Não há, aqui, ensimesmamento possível.

Quando pensamos que uma mídia informativa tem identidades, torna-se então mais complexa a possibilidade de ela ter também uma voz. Por um lado, muitos já disseram que a "fala" jornalística é de segunda mão, uma vez que ela depende das vozes dos grupos, instituições e demais agentes sociais com os quais dialoga. Acontece, porém, que essa dialogicidade não é exclusiva do jornalismo, pois caracteriza, como observou o teórico russo Mikhail Bakhtin, a própria existência da linguagem como fenômeno social. No jornalismo, essa dialogicidade poderia, então, ocorrer de modo peculiar, sob condições específicas e particulares, e isso se daria de modo distinto tanto em relação a uma dada notícia quanto a tal ou qual mídia informativa, abordadas sob certos ângulos, em certos momentos e em certa situação comunicativa Por outro lado, diante das vozes sociais com as quais interage, uma mídia informativa estabelece hierarquias e valorações, promove destaques e silenciamentos. Essa mídia fala, tem voz, portanto, mas não *uma* voz coerente, homogênea, estável, a-histórica. Um mesmo jornal ou revista, por exemplo, por mais favorável que seja a este ou aquele partido, a esta ou aquela causa, pode manifestar, na sua leitura do mundo, variações, contradições, esquecimentos. Pode falar, assim, vozes diferentes.

Sujeitos de ação

Quando paramos para pensar sobre alguns termos correntes, verificamos como eles estão contaminados por pressupostos e perspectivas que merecem ser problematizados. O termo "veículo jornalístico" é um deles. Vinculada a um entendimento redutor do processo comunicacional e presa à tradição da mídia impressa, a expressão "veículo jornalístico" mais esconde que permite ver a complexidade que constitui o jornalismo. Não que seja necessário parar de usar a expressão, mas é importante ter em mente que ela simplifica, talvez em demasia, uma miríade de relações, multifacetada, e que deixa sem resposta várias questões que podemos perder de vista se nosso interesse é entender o fenômeno jornalístico.

Menos que um suporte, uma mídia informativa é um sujeito semiótico, na feliz definição dada pelo pesquisador francês Eric Landowski (1992). Semiótico, porque existe nos signos, materializados através de recursos tecnológicos específicos. Sujeito, porque é ao mesmo tempo constituída no interior dessas relações (sendo, portanto, *sujeito a* elas) e um agente que interpreta o mundo e se interfere nele (sendo, então, *sujeito de* ação). Isso não é dizer que esse sujeito semiótico é unívoco e homogêneo. Ao contrário: comporta facetas, contradições e continuidades, ao mesmo tempo que age no mundo e na história, e é afetado por sua ação e pelos demais agentes sociais. Ou seja, uma mídia informativa está em constante transformação, num processo complexo que varia nas diferentes dimensões que o constituem: ao longo de um tempo mais duradouro, na efemeridade de uma edição, em cada notícia, seção, editoria, na organização empresarial que a torna possível, no trabalho de cada um que contribui para essa existência, incluindo-se aí os profissionais e os leitores/consumidores.

Ampliar a percepção da mídia informativa para além da metáfora naturalizada do "veículo jornalístico" implica trazer à cena questões como os modos de articulação entre esse sujeito e as partes (notícia, assinaturas, seções, anúncios) que o compõem; entre ele e seus concorrentes/aliados midiáticos; entre ele e os seus interlocutores, como as instituições sociais e os leitores/consumidores. Implica ainda ter que lidar com a temporalidade múltipla que o envolve, na tensão constante entre permanência e aparição, entre sua duração ao longo do tempo e a particular efemeridade de uma edição, por exemplo. Nesse sentido, por fim, fica ainda o desafio de perceber certas características gerais que marcam as mídias informativas, como a difícil conciliação entre repetição e renovação e as condições e qualidades específicas de um jornal, um programa, uma emissora, etc. Assim, em vez de ser um veículo que nos traz o mundo, a mídia informativa se revela um sujeito instigante, veículo e condutor, aí sim, de posições, tensões, contradições, ações e afecções diversas, que o fazem existir no tempo, nas interações, na vida em comum.

Síntese da questão

A revisão crítica da expressão "veículo jornalístico" permite vislumbrar uma diversidade de relações que estão presentes no jornalismo, para além da e de modo complementar à notícia. Aspectos como continuidade e mudança, hábito e novidade, permanência e aparição mostram-se articulados e constituintes, e trazem à cena a mídia informativa, vista como um sujeito semiótico, capaz de agir socialmente, e constituído em relações complexas e peculiares, que se apresentam como instigantes e desafiadoras.

CAPÍTULO XI

O jornalismo tem problema de canal?

Geane Carvalho Alzamora

A noção de canal como ducto material que serve para dar passagem a fluxos líquidos, gasosos ou informacionais é recorrente nas definições disponíveis em dicionários. Essa perspectiva, por ser a mais referenciada para diferentes finalidades, nos serve de parâmetro inicial para apresentarmos nossa abordagem da questão. Seria o jornalismo uma espécie de fluxo informacional normatizado que fluiria por ductos materiais de natureza sociocomunicacional, como internet, impresso, rádio e televisão? Se assim for, quais seriam as implicações do canal na configuração textual do jornalismo e em suas possibilidades comunicacionais?

A primeira consideração importante a ser feita na tentativa de responder a essa questão refere-se à natureza sociocomunicacional. A noção de canal deriva da perspectiva transmissiva da comunicação de massa, segundo a qual a mensagem é transmitida, por meio de um canal, de uma fonte emissora a um conjunto heterogêneo de receptores dispersos geograficamente. O modelo de comunicação de Shannon-Weaver, embora muito criticado, é referencial para se compreender o processo de comunicação de massa baseado na teoria matemática da comunicação ou teoria da informação. Nessa perspectiva, a noção de canal equivale a meio e a veículo, ambos utilizados para transportar signos.

Mas, mesmo no âmbito transmissivo da comunicação de massa, esses termos não podem ser tomados rigorosamente como sinônimos, embora se refiram ao mesmo universo semântico. De modo geral, pode-se dizer que noção de canal remete à dimensão material e técnica do processo comunicacional: a noção de meio amplia essa definição, remetendo também às características semióticas, sociais e culturais de cada ambiente comunicacional (impresso, rádio ou televisão, por exemplo); e a noção de veículo a restringe às especificidades editoriais e de linguagem observáveis em cada meio e de um meio a outro (determinado telejornal ou radiojornal, por exemplo). Em comum, todos esses termos guardam em si a ideia de transporte material e técnico da mensagem, embora esta não se distinga completamente do meio. Como lembra McLuhan, que defende a tese de que o "meio é a mensagem", "[i]sto apenas significa que as consequências sociais e pessoais de qualquer meio – ou seja, de qualquer uma das extensões de nós mesmos – constituem o resultado do novo estalão introduzido em nossas vidas por uma nova tecnologia ou extensão de nós mesmos" (McLuhan, 1964, p. 21).

Observa-se, porém, que progressivamente a noção de canal foi sendo abandonada em favor da concepção mais abrangente de meio. O *Dicionário Online de Português* destaca, entre outras, a seguinte definição de canal: "Intermediário, intermédio, meio (pelo qual se consegue alguma coisa)". Ao enfatizar a dimensão mediadora do canal, essa perspectiva a aproxima de certa concepção midiática, a qual nos parece importante para compreender as relações que estabelecemos entre meio, canal e jornalismo.

De acordo com Silverstone (2002), devemos pensar na mídia como um processo de mediação, o que implica pensá-la na perspectiva da circulação de textos midiáticos de um ambiente de comunicação a outro. Ele enfatiza, porém, que a mídia se estende para além dos textos midiáticos, envolvendo "produtores e consumidores de mídia numa atividade mais ou menos contínua de engajamento e desengajamento com significados que têm sua fonte ou seu foco nos textos mediados" (Silverstone, 2002, p. 33).

Perspectiva semelhante deriva da concepção semiótica de mídia, segundo a qual os fluxos sígnicos que permeiam os meios de comunicação tornam-se comunicativos quando produzem informação, por intermédio dos processos de mediação nos quais se ancoram. A ideia de mediação, nessa perspectiva, confunde-se com a de meio e relaciona-se à ideia de comunicação, envolvendo também as noções de emissão, mensagem e recepção.

Santaella e Nöth (2004) discutem o modo pelo qual as noções de canal e meio – entendido como mediação – se diversificam conforme a abordagem teórica da comunicação. Os autores apresentam a questão em um percurso histórico compreendido desde a ideia de canal como "meio físico ou técnico de transmissão, através dos quais os sinais se movem a partir de um transmissor em direção a um receptor" (SHANNON; WEAVER, 1949, p. 7, citados por SANTAELLA; NÖTH, 2004, p. 56) até abordagens mais recentes, voltadas para "aquilo que realmente importa: a enorme complexidade do funcionamento semiótico e sócio-cultural das mídias" (SANTAELLA; NÖTH, 2004, p. 58).

A mídia contemporânea opera não apenas por transmissão, como é a tônica nos meios tradicionais de comunicação de massa, mas também por compartilhamento, caso de mídias sociais como YouTube, Facebook e Twitter. Os textos midiáticos tendem a trafegar de uma lógica comunicacional a outra, permeando os mais variados canais, plataformas, aplicativos e meios. Assim, redimensiona-se, pelo viés da convergência midiática, não apenas a concepção de meio como também de canal.

O YouTube, por exemplo, se apresenta como "Broadcast Yourself" e assim define canal: "Um canal é um centro de transmissão que funciona 24 horas por dia, 7 dias por semana, no qual os clientes podem assistir, compartilhar e aproveitar sua marca". Envolver, entreter e aparecer são os três verbos utilizados em destaque pelo YouTube, ressaltando que os canais facilitam o compartilhamento de vídeos com amigos, a criação de listas de reprodução, comentários e inscrições para vídeos futuros, permitem o acompanhamento e avaliação das visualizações, a personalização com elementos de *branding* e a configuração de versão para celular.

A noção de canal defendida pelo YouTube parece enfatizar a dinâmica de convergência que marca os estudos contemporâneos de mídia, na medida em que o caracteriza tanto pelo viés da transmissão quanto do compartilhamento. De acordo com Jenkins (2008), convergência diz respeito às transformações tecnológicas, mercadológicas, culturais e sociais que resultam em "fluxo de conteúdos através de múltiplos suportes midiáticos, à cooperação entre múltiplos mercados midiáticos e ao comportamento migratório dos públicos dos meios de comunicação" (Jenkins, 2008, p. 27).

Observa-se no YouTube canais de informação jornalística provenientes da lógica transmissiva, como CNN, e canais de informação pessoal, provenientes da lógica de compartilhamento. Um exemplo, neste último caso, é o de Felipe Neto, que ganhou programa na MTV por causa da audiência alcançada no YouTube. Do mesmo modo, a CNN trafega hoje pela televisão, internet, dispositivos móveis e mídias sociais, como Facebook e Twitter. Desse modo, cabe perguntar: o que caracteriza o canal na lógica comunicacional convergente da empresa jornalística CNN?

Jornalismo e mediações: pluralidades

O jornalismo contemporâneo busca adequar-se ao cenário de convergência midiática, o qual prioriza processos de mediação tecnológica, semiótica e sociocultural dos meios, menos que a dimensão material e inerte dos canais. Dotados cada vez mais de autonomia semiótica, plataformas (ou seja, como serviços alimentados colaborativamente pelos usuários, em vez de navegadores, conforme define O'Reilly, 2005) e aplicativos (um programa que ajuda o usuário a desenvolver tarefas específicas, seja em seu navegador, seja em seu dispositivo móvel) redimensionam a perspectiva transmissiva dos canais em prol de uma visada mais provisória, dinâmica e maleável, típica da noção de meio que emerge do ecossistema midiático contemporâneo, cada vez mais marcado pela convergência. A noção de ecossistema midiático, por sua vez, deriva dos trabalhos de Marshall McLuhan (1964), para quem o meio ou veículo atua em uma matriz cultural caracterizada como ambiente. Postman (2000) retoma os trabalhos de McLuhan propondo que os ambientes midiáticos contemporâneos influenciam-se reciprocamente, constituindo o que ele chama de ecossistema midiático. Se a lógica transmissiva da comunicação delineou características jornalísticas orientadas pelas especificidades midiáticas, tais como telejornalismo e radiojornalismo, a lógica convergente aponta para cenários jornalísticos híbridos e multifacetados, nos quais o telejornalismo, por exemplo, se complementa em mídias sociais e é acessado de formas variadas em plataformas e aplicativos diversos.

De acordo com Alsina (2009), as novas tecnologias de comunicação abrem novos canais, que adquirem cada vez mais importância, assim como ampliam os canais já existentes, na medida em que diversificam as formas de acesso às informações. "Quanto mais informação quer o indivíduo, mais canais ele usa" (Alsina, 2009, p. 70). Para ele, que não diferencia canal de meio, as notícias – produtos da mediação da instituição comunicativa – circulam de uma mídia a outra, sendo, portanto, a repetição uma característica marcante do acontecimento-notícia. Segundo Alsina, acontecimento-notícia refere-se aos acontecimentos passíveis de serem transformados em notícias, seja por sua relevância social, seja pela necessidade de a mídia apresentar notícias à sociedade. "O acontecimento-notícia é a condição de existência da mídia", diz ele (2009, p. 144). Alsina (2009) aponta a mutabilidade como característica fundamental do sistema de mídia, no qual os acontecimentos-notícia circulam de modo repetitivo. "Trata-se de um ecossistema em permanente estado de mudança, embora possua marcos incontestáveis, como o são o surgimento de novos meios que reformulam o ecossistema" (Alsina, 2009, p. 55).

Se pensarmos o acontecimento-notícia pelo viés da mediação, observaremos que o jornalismo envolve uma multiplicidade de mediações: institucionais, organizacionais, editoriais, culturais, sociais, corporativas, etc. Nessa perspectiva, poderíamos dizer que o jornalismo, como mediação complexa, se acopla às mediações circunstanciais próprias de cada meio, atravessando e sendo atravessado por mediações múltiplas: midiáticas, mercadológicas, socioculturais, sígnicas/textuais, etc.

Para Scolari (2008), esse cenário remete àquilo que ele chama de hipermediação, termo que não se refere simplesmente a uma maior quantidade de meios e sujeitos envolvidos no processo comunicacional, mas principalmente à "trama de reenvios, hibridações e contaminações que a tecnologia digital, ao reduzir todas as textualidades a uma massa de bits, permite articular dentro do ecossistema midiático" (Scolari, 2008, p. 114, tradução nossa). Ele aponta o jornalista como um dos profissionais que estão sendo profundamente modificados pelas hipermediações, uma vez que dele se exige cada vez mais domínio de diferentes meios e linguagens. Em outras palavras, o jornalismo se torna, cada vez mais, plurimidiático, atravessado por lógicas comunicacionais dissonantes, que envolvem processos de mediação variados e complexos.

Para Wolton (2004), embora as técnicas afetem estruturalmente o trabalho do jornalista, questionar o estatuto do jornalista como mediador entre o espetáculo do mundo e o público por causa da evolução técnica seria catastrófico para a profissão, para a informação e para o público, pois "quanto mais há informação, comentários e opiniões, mais a função do jornalista, como mediador para selecionar, organizar, hierarquizar a informação, é indispensável" (Wolton, 2004, p. 300).

Jornalismo no contexto midiático contemporâneo: reconfigurações

A função mediadora do jornalista é tensionada no contexto midiático contemporâneo, o que não significa dizer, porém, que esteja em risco. A evolução técnica dos meios, que reconfigura canais, interfere na função mediadora do jornalismo na medida em que a articula a outras formas de mediação social, por meio das quais a informação circula intermidiaticamente.

Segundo Ramonet (2011), estamos passando da era dos meios de massa à massa de meios. Ele denomina os meios de massa tradicionais de "meios-sol", por se colocarem no centro do sistema comunicacional, e os novos meios de "meios-polvo", por serem capazes de aglutinar-se em superplataformas mediáticas.

> Esta é a nova lógica que alguns poderes não compreendem. Seguem crendo que, controlando com mãos de ferro os principais meios de comunicação (rádio, televisão, imprensa e algumas *webs*), impedem a difusão de uma informação que os molesta. Mas agora as notícias são um fluido tão viscoso que escorrem entre os dedos, se estendem por todas as partes e cruzam fronteiras. (Ramonet, 2011, p. 24, tradução nossa)

Na visão de Ramonet (2011), o jornalismo tradicional está literalmente se desintegrando, mas sem dúvidas sobreviverá. Ramonet exemplifica sua posição com a atuação de The New York Times no Twitter. "Desde outubro de 2010, com quase 3 milhões de leitores em sua conta Twitter, The New York Times conta com três vezes mais usuários registrados nessa rede que exemplares em sua edição impressa" (Ramonet, 2011, p. 25, tradução nossa). Isso demonstra como o jornalismo tradicional permanece vivo e socialmente relevante, a despeito da reconfiguração dos canais por meio dos quais o jornalismo flui no ecossistema midiático contemporâneo.

Scolari (2013) discute a reconfiguração do jornalismo na contemporaneidade por meio da seguinte indagação: como se inteirou o mundo da morte de Osama Bin Laden? Ele lembra que tudo começou com o tuíte do paquistanês Sohaib Athar, surpreendido por voos rasantes de helicópteros norte-americanos em sua vizinhança. Em poucas horas, os seguidores de Sohaib Athar no Twitter passaram de menos de mil a mais sessenta mil. O tuíte inicial, conforme Scolari, foi retuitado mais de oitenta vezes em um minuto, tendo contribuído significativamente para a expansão dessa notícia na rede os repórteres Brian Stelter (*The New York Times*) e Jill Soctt (CBS). Scolari lembra que, quando o presidente Obama apareceu na frente das câmaras para dar a notícia, boa parte da audiência já sabia do que se tratava.

A difusão da notícia acerca da morte de Osama Bin Laden é, para Scolari, um exemplo de jornalismo transmídia, pois o acontecimento foi relatado através de vários meios de comunicação, e os usuários não apenas colaboraram com sua expansão, como também geraram a notícia. Reconfigura-se, nessa perspectiva, não apenas a noção de notícia, produto da prática profissional jornalística, como também a noção de canal, antes identificado com o meio de comunicação de massa. Nesse caso, a notícia circulou primeiro por uma mídia social, onde obteve audiência explosiva, para só então expandir-se pelos meios de comunicação de massa, por intermédio da ação de jornalistas que acompanhavam o Twitter. À medida que mais e mais veículos jornalísticos tradicionais corroboravam a notícia gerada por um cidadão paquistanês no Twitter, mais e mais credibilidade a informação adquiria na rede intermídia. O jornalismo, portanto, se reconfigura sob alguns aspectos no ecossistema midiático contemporâneo, mas certamente não tem sua legitimidade ameaçada.

Onde está o problema?

Retomando a questão inicial aqui exposta: o jornalismo tem problema de canal? A resposta, a meu ver, seria sim e não. Sim porque o canal, conforme pensado no âmbito da comunicação de massa, não parece suficientemente adequado para dar conta do cenário de convergência midiática contemporânea, no qual os meios de comunicação compõem uma rede cada vez mais porosa e imbricada de mediações variadas. Os processos de produção e circulação da notícia são afetados por essa dinâmica convergente, que integra lógicas comunicacionais de transmissão e de compartilhamento em conexões de mídias digitais.

Por outro lado, o jornalismo, como instituição transnacional que interfere substancialmente na construção social da realidade, não é ameaçado pela dinâmica convergente que reconfigura meios e canais de comunicação. Embora a mediação jornalística partilhe, cada vez mais, com a mediação social os processos de produção e de circulação das notícias, isso não diminui a relevância social da mediação jornalística, em especial no que se refere às suas funções tradicionais de selecionar, averiguar e hierarquizar. Pelo contrário, ressalta a vitalidade da mediação jornalística cada vez que a notícia profissionalmente produzida espalha-se na rede intermídia pela ação de seus consumidores.

Diante disso, proponho reformular a questão inicial nos seguintes termos: em que medida a convergência midiática interfere nos processos de produção e de circulação da informação jornalística? A resposta a essa pergunta passa, em meu entendimento, mais pela definição atual de informação jornalística e pela caracterização de seus processos de produção e de circulação na contemporaneidade, que propriamente pela discussão acerca da dinâmica da convergência midiática. Com isso quero sugerir, ao final, que o canal e seus correlatos - meio, veículo, suporte - não são, em si, um problema para o jornalismo. O problema do jornalismo, suponho, é a adequação de sua concepção ao cenário da cultura midiática contemporânea.

Filho legítimo da modernidade, o jornalismo consolidou-se ao longo do século XX no âmbito do predomínio da comunicação de massa, na qual foi gestada a ideia de canal. Cabe agora aos estudiosos e profissionais da área adaptá-lo às características da lógica comunicacional contemporânea, que não rompe com a comunicação de massa, mas a redimensiona no âmbito das tensões, desequilíbrios e divergências que marcam a convergência no atual estágio do ecossistema midiático.

Síntese da questão

A expressão "canal" é usada com bastante frequência no entendimento dos processos da comunicação (entre os quais os jornalísticos), mas nem sempre se tem em conta as implicações e os limites do termo. O termo indica uma demarcação do fazer comunicacional em mídias e recursos tecnológicos específicos, o que, por um lado, não alcança a complexidade dos processos de convergência midiática, cada vez mais intensas e frequentes. Por outro, é importante observar que a mediação jornalística tem características que se mantêm relativamente constantes, ultrapassando, ao menos em parte, mídias peculiares e suas sinergias.

CAPÍTULO XII

O jornalismo é história malfeita?

Elton Antunes

"Aconteceu, virou Manchete". O *slogan* de uma revista semanal brasileira criada nos anos 1950, e que marcou época como periódico ilustrado de variedades com narrativas fortemente baseadas no uso de imagens fotográficas e grandes reportagens, pode ser visto durante muito tempo como uma espécie de emblema supremo da lógica temporal do jornalismo. As referências temporais se acumulam a partir dessa chave: pode ser associada ao momento da ocorrência que o relato jornalístico reporta, à oportunidade e ao ritmo para fazê-lo e para transmitir informações, à sensação de que ele torna presente aos sujeitos sociais aquele fato noticiado, à duração que o relato reivindica quando da apropriação pelo leitor, à forma ligeira que a comunicação deve possuir.

A revista *Manchete* nem existe mais, e o *slogan* vez ou outra aparece como uma ilustração do trabalho da imprensa. E, contemporaneamente, a prática jornalística passou a invocar outras figuras de tempo como definidoras da especificidade do seu fazer: o "direto" na TV; o "instantâneo" no rádio; o "tempo real" na web; e, para dar sobrevida ao jornal impresso, o elogio da "lentidão". Como o *slogan* da Manchete, são também formas de compreender o jornalismo a partir da relação entre contar algo e o acontecer das coisas; de uma ação de transformar em relato o que vai pelo mundo; de fazê-lo segundo determinadas formas; de pensar os parâmetros que configuram a interlocução jornalística, princípios que regem a cooperação entre agentes implicados na produção, transmissão, circulação, interpretação das informações jornalísticas. Mudaram as temporalidades do jornalismo? A multiplicação das referências claramente mostra que informação jornalística não dá conta apenas do passado dos acontecimentos, da velocidade ou do regime de urgência da produção e recepção de notícias. Mas indica, na devida complexidade, o papel da temporalidade na conformação do jornalismo?

As fotografias na revista *Manchete* de novo oferecem uma pista. A fotografia tende a ser apontada como dos elementos mais incisivos da relação discurso jornalístico/ temporalidade. Enquanto sistema significante, ela provocaria uma suspensão do tempo ao congelar num instante a imagem de um dado referente. É a ideia da fotografia como documento, como evidência do "isso-foi", algo que atesta a preexistência do objeto que foi fotografado. Dizia Roland Barthes que "a foto do ser desaparecido vem me tocar como os raios retardados de uma estrela" (1984, p. 121).

A temporalidade aqui se afigura, então, como um traço da fotografia tomada como texto noticioso, do conteúdo referido àquilo que é enunciado, ou do contexto de produção/apropriação do discurso jornalístico? Se pensarmos em uma forma discursiva específica, uma modalidade de utilização, permite-se um tipo de categorização das fotografias de imprensa em que a temporalização pode ser uma variável central: a foto testemunhal, por exemplo, que seria aquela que captaria o "presente puro", o instante fundamental arrancado ao acontecimento, em contraposição a uma foto posada, que realizaria um trabalho sobre a "memória", articulando a temporalidade do mundo à biografia do indivíduo. O instante fugaz, o estar ali vê-se premido na pose a ser fixado como eterno.

É certo que os fotojornalistas continuam controlando o acaso ou produzindo fotos sucessivas, ou escolhendo e editando o material para realçar o efeito de realidade, evitando, assim, que um acidente desarticule a representação do real herdada da tradição figurativa. Haveria, na fotografia jornalística, um processo crescente de descolamento, mas não de indiferença, em relação ao seu referente, já que a imagem se presta a outras formas de inscrição, de produção.

Esse tipo de classificação é suficiente? Como pensar a temporalidade quando se veem algumas fotografias nos jornais em que, para além do que parece ser o instante único, produzem um sentido de atualidade articulando uma representação do presente com a de um tempo imemorial, ao comporem os quadros imagéticos dos acontecimentos com certos arquétipos pictóricos que alimentam a cultura da sociedade contemporânea?

As relações temporais são de níveis múltiplos e de grande complexidade, podendo tratar de funções de orientação da experiência, de coordenação e sincronização para necessidades práticas de caráter social. Vivemos no cotidiano um sem-número de situações em que ideias de sucessão, repetição e ordem se multiplicam para articular cada existência pessoal e permitir a vida social. Tais relações podem incidir sobre delimitações e períodos de tempo (dia, ano, geração, época histórica); caracterizar processos (crescimento, direção); definir momento de ação (sincronismo); ditar velocidades e ritmo; compor a duração; estabelecer se tais ações são da ordem da sucessão ou da simultaneidade; constituir representações para a própria experiência (passado, presente, futuro). Nesse quadro, alguns autores sustentam mesmo a ideia de que a informação produzida no sistema midiático poderia significar novas possibilidades de experimentação social do tempo. O telejornal que funciona como um relógio do cotidiano e contribui para reorganizar os diferentes tempos da vida social seria só um exemplo óbvio.

A chave tempo/jornalismo pode ser perscrutada focando-se na maneira como o discurso jornalístico organiza o agir humano; na forma como o aparato tecnológico conforma parâmetros para os processos de temporalização; na forma como o jornalismo põe em relação diferentes dimensões temporais presentes na vida social; e a própria maneira como o jornalismo se revela como uma maneira de lidar com categorias temporais que orientam a vida cotidiana.

Enunciação jornalística

A problemática temporal no âmbito do jornalismo apresenta-se já a partir do reconhecimento da sua modalidade específica de *enunciação*, em que duas dimensões se articulam. Uma relativa ao ciclo de aparecimento ou atualização das informações (diário, a cada hora, semanal, "tempo real"), que lhe confere a condição de periódico. A outra refere-se às noções temporais que constituem as formas discursivas quando produz o relato de acontecimentos, em qualquer das suas formas de linguagem ou dos seus gêneros textuais - notícia, reportagem, etc. As relações entre tais dimensões compõem o esforço enunciativo do jornalismo na junção do relato da "história do presente" com o tempo vivido dos sujeitos sociais. Ora, "história do presente" também não é uma noção fácil de abordar tratando-se da temporalidade do jornalismo. Isso porque assumir que o presente explica a propósito do que fala o jornalismo é responder: "ele fala do hoje". Hoje? Atual? O tempo como um dos conteúdos do jornalismo?

Pensando-se no jornalismo como uma narrativa voltada para a apresentação de um conhecimento pontual sobre o estado atual do mundo, não é difícil compreender por que o relato jornalístico é visto simplesmente como a narrativa rotineira (periódica) de acontecimentos da atualidade. A correlação entre notícia/acontecimento - ocorrência de fato recente com anúncio imediato - é a principal chave para fazer da dimensão temporal fator de determinação do que seja notícia e, consequentemente, relato com sentido de atualidade.

O ponto de partida em geral é a existência de eventos que têm características noticiáveis e que, assim vistos pelos jornalistas e leitores/ouvintes/telespectadores/internautas etc., serão transformados em noticiário. Os conteúdos do jornalismo seriam, desse modo, os eventos com maior grau de noticiabilidade.

A temporalidade ajuda a construir os "esquemas de relevância", que dirigem não apenas os processos seletivos da comunidade dos jornalistas, mas também os processos de atenção dos receptores e constroem o valor das notícias.

O fator tempo aparece como elemento de um quadro explicativo que diz por que uma dada comunidade profissional (jornalistas), em um dado ambiente organizacional (as organizações jornalísticas), no interior de um dado processo de produção (as práticas jornalísticas) produz um tipo específico de produto (as notícias). O tempo é uma espécie de "liga" que articula esses diferentes elementos. A "periodicidade", o "imediatismo" e a "atualidade" aparecem assim como facetas desse sistema articulado para "capturar" os acontecimentos do mundo.

O importante aqui é evidenciar que os critérios de noticiabilidade, como tradicionalmente alinhados, parecem dizer de um estado do mundo apenas como já ocorrido, um existente estabilizado. As tipologias dos critérios de noticiabilidade dizem bem de como lidar com fatos tomados como passado. Mas no jornalismo "o passado do nosso presente", diz Tétu (1993), "não está atrás de nós, mas o precede sempre". O passado não é pois somente "conteúdo" do jornalismo – e não apenas o passado, já que os relatos jornalísticos reportam também intensamente atividades em andamento, processos em continuidade e eventos prováveis ou previstos – mas também não é apenas objeto de uma visada jornalística. Trata-se sobretudo de uma forma de pôr em operação complexos processos simbólicos necessários à vida social.

Assim, as formas da temporalidade agem nos critérios de noticiabilidade mais como uma espécie de modulação, um equalizador temporal. Como discurso da atualidade, a notícia visa refazer a experiência do presente, existe no contemporâneo. Mas se as notícias se unificam por se efetivarem como contemporâneas à instância de enunciação jornalística, elas não são temporalmente constituídas da mesma maneira. Os fatos, amálgamas de coisas, textos, pessoas, eventos têm temporalidades diversas, que são equalizadas no jornalismo. Por isso, os valores-notícia, vistos como parâmetros desprovidos de temporalidade, acabam por apanhar os fatos em uma história que é heterogênea à forma como esses mesmos fatos se constituem. Mas notícias não estão fora da(s) história(s)! Pode-se pensar o regime temporal como uma espécie de predicado que vai além de cada critério de noticiabilidade em especial e que perdura em cada um deles. Ao fazê-lo, os valores-notícias deixam de mirar fatos isoladamente e nos permitem pensar como podem se constituir os vínculos entre os fatos jornalísticos que aparecem no jornalismo. A temporalidade seria uma das maneiras de pensar tais vínculos.

A construção do sentido de atualidade

O acontecimento jornalístico não surge de um nada histórico. Ele se inscreve sobre uma memória social, política e histórica, que é também determinante na sua própria compreensão e designação como acontecimento. A compreensão do acontecimento demanda que se perceba que a relação intrínseca entre acontecimento e fato jornalístico não os torna fenômenos equivalentes. De um ponto de vista fenomenológico, um acontecimento implica um quadro de ruptura em certa ordem de coisas. Do ponto de vista biográfico ou histórico, um acontecimento pode implicar uma quebra de expectativas, uma abertura para possibilidades não previstas. Mas a mídia informativa faz emergir um acontecimento a partir do chamado "processo evenemencial", no qual a desordem semeada pelo acontecimento, sua imprevisibilidade, é posta em um quadro contextual, em um mundo significado. À percepção de algo que perturba uma ordem opõe-se, pelo relato jornalístico, um enredamento de causas, propósitos, motivos, agentes.

O acontecimento funciona, pois, como uma referência inicial que demanda a construção de uma interpretação, sua transformação em fatos, em "acontecimentos jornalísticos". Torna-se acontecimento jornalístico ou fato a partir de um olhar que busca estabelecer o contexto da sua emergência, explicar-lhe o sentido. Mas esse olhar, no universo do discurso da informação midiática, torna-se um duplo olhar: o acontecimento está na interseção entre um olhar que mostra da instância de produção e um olhar que vê na instância da recepção. Por isso, não custa frisar, a construção do acontecimento midiático se dá articulada em uma estratificação temporal em pelo menos três níveis: as estruturas temporais no âmbito do enredo/trama narrativa; as referências temporais que descrevem o acontecimento e a perspectiva temporal que se dá no nível da enunciação.

Quando dizemos que algo aconteceu (virou manchete?), o fato temporalmente marcado na narrativa jornalística parece ter um tempo evidente, que é o da emergência do acontecimento. Todavia, essa é somente uma compreensão episódica dos eventos narrados jornalisticamente, pois "a descrição de um acontecimento não se fecha no tempo da sua emergência. Outras perspectivas atravessam-no como linhas de fuga abertas sobre o passado ou o futuro" (Arquembourg, 1996, p. 32). O acontecimento jornalístico não pode ser definido tão somente por esse movimento de descontinuidade, e sim pela produção de um ponto rítmico na temporalidade cotidiana.

O acontecimento jornalístico é, quanto ao modo de ocorrência, um "fato marcado", (Sodré, 2009), aquele que é visado e capturado na teia dos critérios de noticiabilidade definidos pela prática jornalística. Visto o acontecimento então, no que diz respeito ao seu modo de ocorrência, não como ruptura mas como uma marcação, a repercussão em seu "tempo de ocorrência" é direta. Sodré (2009) mostra como a notícia é uma maneira específica de estruturação do tempo a partir de sua relação particular com esse movimento regular que caracteriza o ritmo. A notícia funciona como uma espécie de "ritmista", que cadencia de alguma maneira a passagem do "bloco" da vida social. Periodicidade, a fixação da atualidade em um presente da enunciação, a urgência como publicação imediata de uma apuração recente, são todos aspectos da temporalidade social marcados por essa ritmização no âmbito da notícia.

A projeção da história na estrutura de inteligibilidade de um fato se mostra assim intrínseca, para que se possa produzir (e compreender) um relato jornalístico de qualquer acontecimento que se sucede. Os acontecimentos remetem ao passado, a uma memória, que na construção da narrativa jornalística, às vezes se torna mesmo parte do enunciado com remissões a acontecimentos outros de tempos remotos, mas sempre como parte do "fundo" contra o qual se projeta a informação nova da notícia. Qualquer informação jornalística supõe um saber encarnado na experiência, uma memória como condição de compreensão dos acontecimentos postos em tela e uma expectativa de consequências, um horizonte para tais fatos.

É por isso que a atenção à atualidade faz a informação jornalística ser vista muitas vezes tão somente como conjunto de enunciados ao mesmo tempo efêmeros e a-históricos. Por causa disso, com a chamada obsessão do presente, o discurso jornalístico teria dificuldades em lidar com o passado e imaginar o futuro. Ora, distinguir a notícia da história não implica negar-lhe historicidade. A questão é pensar qual a relação da notícia com a historicidade. Se condenarmos a notícia por sua aparente falta de duração, por se constituir em um evento que existe para substituir outro evento noticioso numa deriva sem fim, talvez fosse importante lembrar que o transitório e o descontínuo compõem toda duração histórica.

A a-historicidade da notícia ou do acontecimento jornalístico só pode ser reivindicada se, em algum momento, se admitir a temporalidade como se fosse, para usar uma expressão de Norbert Elias (1984), uma espécie de "decalque conceitual de um fluxo objetivamente existente" da qual a efemeridade do instante presente seria um ponto em uma cronalidade. Haveria aí a ideia de uma ordem contínua e necessária entre eventos, de um sentido linear da história.

Veja-se o caso das matérias mais rotineiras que no jornalismo brasileiro típico cobrem o mundo da política institucional. Há sempre uma superposição confusa entre durações de governos e efeitos de políticas e ações do poder público. A duração de um mandato parlamentar ou de algum executivo se esbate com decisões que ultrapassam largamente o seu período de duração. Confundem-se escalas, ação que opera no curto prazo com efeitos que se processam no longo prazo. Dessa forma, os relatos pouco dão conta de que iniciativas empreendidas no tempo jurisdicional de um mandato transcendem suas fronteiras e alcançam outras épocas, outras gerações, outros governos. No tempo, o efeito de tais ações nunca é devidamente dimensionado. Tome-se também para exemplo as notícias que explicitamente se alicerçam no estabelecimento de cronologias. Estão amparadas numa "visão da história" não só linear, mas principalmente produzem-se ou encadeando eventos em uma sucessão lastreada em um tempo contínuo, ou então sempre identificando rupturas que irrompem em uma duração heterogênea. Mas, como pergunta Landowski (1992, p. 52), "o que 'acontece' nos intervalos de tempo que os separam"? – essas unidades eleitas para figurarem o acontecimento jornalístico.

Daí é importante perceber que, quando observamos a composição de uma notícia no jornal impresso, por exemplo, para além da própria narrativa do artigo, elementos peritextuais como o "chapéu" (expressão curta colocada acima de um título e que indica o assunto de que trata a matéria) não só particularizam e especificam uma dada editoria no jornal mas implicam o fato em uma perspectiva de duração, inscrevem-no em um contexto alargado, condensam uma certa historicidade. Poderíamos também convocar o uso de imagens de arquivo no jornalismo audiovisual. Essas imagens alteram a relação com o passado e a própria memória, transportando o "presente" que estava ocorrendo em outra época.

Talvez falte então imaginar a construção dos acontecimentos jornalísticos, por exemplo, sobre a perspectiva não apenas da cronologia, mas também de outras figuras do tempo, como o *kairós* grego, que remete à ideia de momento oportuno vinculada a uma decisão – algo mais jornalístico do que isso?

Quando pensamos no papel de agendamento (*agenda-setting*), a forma simplificada de lidar com as temporalidades se esboroa. As pautas e o sentido de uma cobertura incidem diretamente numa organização do futuro que não só constitui um presente dos acontecimentos noticiáveis como reorganiza o passado até então considerado. É um ato de lembrar aquilo que precisa ser feito e não apenas visar o que aconteceu. Trata-se, pois, de ver o jornalismo como um agente da memória coletiva – retrospectiva e prospectiva, o que estabelece complexas relações entre as representações de passado, presente e futuro no discurso noticioso.

No jornalismo é mais fácil perceber como a memória se insinua quando as narrativas tomam como objeto fatos ou situações comemorativas, quando aciona o passado como história e modo para referenciar os fatos, e quando o seu próprio conteúdo passado (como documento e arquivo) é apresentado como evidência histórica, como modo específico de "narrar o passado". Em todas as perspectivas evidencia-se que há similaridade entre os processos de formação da memória coletiva e da produção jornalística. Mas na cobertura de todo dia podemos considerar como essa memória coletiva põe os diferentes eventos em perspectiva, acrescentando inúmeros sentidos às histórias mais prosaicas – nos termos utilizados, nos elementos organizados para a descrição e narração, no enquadramento das imagens, etc.

Temporalidade na narrativa

Há que chegar então até a configuração do relato jornalístico propriamente. Reconhecer a dimensão da temporalidade no âmbito da narrativa jornalística agrega uma complexidade ainda maior à questão, pois é preciso ter em mente que ela se dá também em planos distintos e articulados, como nos lembram os estudos de linguagem: (a) o discurso que conta acontecimentos, ou seja, o enunciado narrativo (a narrativa ou *récit*); (b) a sucessão de acontecimentos, que constituem o objeto do discurso narrativo, isto é, o conteúdo da narrativa, aquilo que aconteceu (a história); e (c) o ato de narrar (a narração). Há, pois, um tempo da história, um tempo no enunciado e um tempo da enunciação.

No jornalismo, as condições enunciativas peculiares que permitem a produção do sentido e a construção de sua economia específica parecem articular, a princípio, essas três dimensões da temporalidade. No jornal, tomado como uma unidade de referência, seja ele uma edição de jornal impresso, seja um radiojornal, um telejornal ou mesmo um portal noticioso na web, o tempo da história é o tempo dos acontecimentos e do cotidiano, objeto do relato referencial jornalístico em diferentes formas narrativas (a notícia, como forma típica, a reportagem, a crônica, o ensaio fotográfico, etc.). Estas, por sua vez, ao tomar o acontecimento como matéria-prima, produzem um relato que confere unidade aos diferentes aspectos componentes de um fato, estabelecendo um enunciado que representa sucessões, nexos e causalidades entre as ocorrências/eventos. Já a narração jornalística confunde-se com a própria ideia de enunciação e diz das formas de composição dos seus elementos, das estratégias que utiliza o produto de comunicação para produzir sentido, e da maneira como ele inscreve os sujeitos e é, ao mesmo tempo, um lugar de intervenção destes sujeitos.

Mas em cada economia significante ou em cada configuração própria do jornalismo como dispositivo, elementos distintos precisam ser especificados. Se na narrativa jornalística audiovisual produzem-se efeitos particulares de tempo no ato, por exemplo, do apresentador do telejornal olhar diretamente para a câmera e produzir um "agora" da emissão diante do telespectador – ainda que seja uma produção gravada, não transmitida "em direto" ou "ao vivo" – no jornal impresso os recursos paratextuais, como nome e data, e os títulos quase sempre no presente, reforçam incessantemente, página a página, a enunciação do veículo, o objetivo de colocar *em presença.*

A trama do texto jornalístico ordenará uma lista de eventos em uma história. Implicará elementos extranarrativos, como a data que permite situar o momento de enunciação da história e estabelecer um marco cronológico para referências temporais em relação a eventos relatados instalados no interior do relato (hoje, amanhã, etc.). Ainda na televisão, imagens de arquivo e imagens apresentadas com caráter de documento, por exemplo, serão chamadas para propor um certo sentido histórico. Em relação aos eventos presentes na narrativa, um período longo pode ser restrito a uma frase ("No último ano") ou indicado em uma corte de imagem. Um evento de curta duração pode consumir longa narrativa (a descrição de um lance de uma partida de futebol, por exemplo) ou um período longo pode ser comprimido em uma aceleração de quadros da imagem. Da mesma maneira, a própria cronologia dos eventos narrados muda de acordo com a intenção do texto. Pode-se optar por dias, semanas, horas. Um olhar sobre retrospectivas do tipo "entenda o caso", *boxes* de textos complementares às matérias principais em um jornal, ou mesmo colunas sobre fatos publicados pelo próprio periódico em época anterior são característicos desse movimento. E, do ponto de vista da composição textual, a articulação pode implicar relações de causalidade entre eventos que aparecem em uma dada sequência, o que implica uma relação também temporal. Algo acontece por causa de um outro evento ou simplesmente depois dele. As matérias que resumem uma partida de futebol costumam produzir as duas orientações. Os lances descritos ora têm uma relação de causalidade entre si, ora apenas seguem uma narrativa sequencial. Mas se o telejornal retoma o relato da partida, o início da história pode adquirir outra feição.

As dimensões indicadas até aqui para falar de jornalismo e temporalidade acabaram por colocar de lado as representações que pareciam estar à partida. Acaso então "ao vivo", o "tempo real", etc. não dizem dessa relação? Dizem, e muito, mas da forma como são tratados, reduzem o jornalismo e a problemática da temporalidade a uma dimensão técnica ou relativa aos dispositivos tecnológicos.

Quais são os modos de representação do tempo que são próprios aos meios jornalísticos? Qual a contaminação que pode ser observada entre as diversas temporalidades? De que maneira essa construção de uma realidade temporal influencia a experiência cotidiana dos sujeitos? No contexto de produção, no âmbito da linguagem, nas modalidades de uso, os meios dizem muito da relação jornalismo/tempo. O jornal impresso não inscreve temporalidades da mesma maneira ou valendo-se sempre das mesmas estratégias narrativas que um telejornal, que difere do sonoro, e assim sucessivamente. Mas apostar nesse tempo próprio para cada veículo ou forma jornalística é hipostasiar os "meios", é ver a experiência da temporalidade como se fossem apenas diferentes "fusos" em que os agentes da interlocução jornalística apenas procuram evitar a confusão, a sensação de *jetlag*. O tempo jornalístico não se mostra fixado, mas se faz numa espécie de desdobramento contínuo, articulando diferentes instâncias materiais, discursivas, expressivas e sociais.

O jornalismo conforma uma temporalidade – o presente, que é atravessada por outros tempos (passado/futuro), em um processo concomitante de sedimentação e estilhaçamento dos tempos. O jornalismo curto-circuita os tempos: ao mesmo tempo que é padronizador do tempo atual – ritma e ordena cronologicamente o cotidiano, ele põe em circulação representações de relações temporais diversas, fazendo emergir outros tempos de outros estratos. São, no mesmo movimento, camadas superpostas e atravessadas. Para tornar os tempos contemporâneos à experiência, o jornalismo dá visibilidade a tempos não contemporâneos. Daí que a mídia não apenas transporte o tempo; ela engendra relações temporais. Da mesma maneira, o tempo não é abstrato, as escalas de temporalidade estão vinculadas à produção de sentido e, nessa perspectiva, as representações de tempo (linear, evolutivo, contínuo ou descontínuo, por exemplo) não podem ser desprezadas. As figuras da temporalidade são mecanismos essenciais de proposição de sentido. E ao estudar como o fazem, é preciso ter em conta que essa "temporalidade jornalística" é ao mesmo tempo múltipla – pois diz de diferentes dispositivos de comunicação (imprensa, audiovisual, etc.) profundamente relacionados em suas enunciações particulares – e específica – já que se dá no terreno de tecnologias, processos sociais e culturais particulares.

Síntese da questão

A dimensão da temporalidade tem caráter estruturante para o jornalismo, e é crucial investigar a maneira como ela articula essa forma discursiva em particular. Com isso, podemos problematizar compreensões que reduzem a informação jornalística a um discurso do presente e aprimorar avançar no entendimento de temas como noticiabilidade, memória, acontecimento e agendamento.

PARTE 4

As histórias

CAPÍTULO XIII

Fotojornalismo: um campo, uma atividade ou um objeto?

Angie Biondi

Fotografia de imprensa, fotoilustração, fotografia jornalística, fotografia informativa, fotorreportagem, fotografia de notícias. As diversas denominações que se referem ao fotojornalismo declaram, de imediato, a dificuldade de limitar um campo conceitual. Basicamente porque o termo "fotojornalismo" pode se referir tanto a uma especialização da atividade profissional do jornalista, quanto a um gênero do jornalismo ou ainda de modo mais amplo, um ramo da fotografia. Seja como for, a imprecisão própria do fotojornalismo acaba ressaltando a natureza, mais complexa que ambígua, da fotografia como informação.

Como ponto de partida, esta observação apresenta pelo menos dois aspectos centrais que aparecem entrelaçados: a fotografia como objeto e a fotografia como prática. Enquanto objeto, a fotografia é sempre o resultado de um contato com a realidade na qual esteve implicada. Houve um lugar, um tempo, uma situação, um aparelho técnico e um gesto que, juntos produziram uma foto. Enquanto prática, a fotografia é articulação social, cultural, informativa, histórica, tecnológica. De certa união entre o objeto e as práticas tem-se o fotojornalismo.

O pesquisador Jorge Pedro Sousa (1998)[1] indica que o fotojornalismo pode ser entendido como atividade de realização fotográfica com finalidade informativa ou documental. A intenção e a finalidade regem a atividade produtora. No fotojornalismo há uma sistemática de trabalho, que se organiza em torno de uma pauta, de uma linha editorial, de negociações comerciais e contratuais. Essa atividade, contudo, gera seus reflexos diretamente nos objetos ou produtos fotográficos que são publicados. A cobertura dos acontecimentos cotidianos precisa atender os interesses informativos dos seus veículos com certa urgência e precisão. Aqui dois gêneros caracterizam a atividade conforme o tipo de relação que se produz com o fato ocorrido:

a) *spot news*: "fotografias que condensam a representação do acontecimento e seu significado" (Sousa, 1998, p. 5). São fotos produzidas no momento do fato em sua duração, donde pode resultar um efeito de flagrante ou de participação direta no evento. O profissional tem menos controle sobre as condições de produção fotográfica, dado o grau de imprevisibilidade do fato;
b) *feature photos*: fotografias de reportagem que se caracterizam pela elaboração na abordagem do evento. Neste caso, as fotografias representam aspectos do fato ocorrido e servem ao propósito de ilustrar, exemplificar ou comprovar o que aconteceu.

Vale a pena ressaltar ainda a diferença que Sousa (1998) faz entre fotojornalismo e fotodocumentalismo. Ainda que haja certa mescla entre um e outro, sobretudo no que confere uma fotografia jornalística também poder ser considerada documental, o autor destaca o planejamento como elemento distinto em ambos. Se o fotojornalista precisa atender os critérios estipulados pela atividade em condições muitas vezes adversas, o fotodocumentalista tem o benefício do tempo de preparo, da elaboração

---

[1] Há uma edição brasileira desta referência que pode ser consultada. Para isso, ver SOUSA, 1998. Ver "Referências".

e escolha da melhor abordagem ao tema em que se debruçará. O método de trabalho, a rotina profissional e as convenções culturais são manejadas de modo distinto por ambos. O fotodocumentalista trabalha por projeto, o fotojornalista por contingência.

Porém, essas diferenças e caracterizações servem muito mais como parâmetros para orientar o entendimento sobre a produção fotojornalística que necessariamente propostas para definição de um conceito. As relações que se produzem entre o objeto fotográfico, a prática fotográfica e o fato fotografado podem variar muito entre os veículos de comunicação ou entre seus profissionais. No entanto, mesmo entre as peculiaridades que se apresentam, o teor informativo parece funcionar como espécie de linha-guia que qualifica o fotojornalismo, mais especificamente, seja no universo do jornalismo, da comunicação, seja no exercício profissional.

Tensões evolutivas

O percurso do fotojornalismo foi marcado por modificações tanto no nível material, conforme a introdução e a assimilação de novas tecnologias de captação e edição visual, quanto no nível do seu estatuto, uma vez que a utilização e a participação crescente no jornalismo vem da suposta natureza objetiva da fotografia, que a legitimou perante outros recursos informativos.

Originada em um contexto positivista, desde meados da década de 1850, a fotografia passou a ser utilizada pelo jornalismo apenas como parte da notícia, como um complemento que ilustrava o texto impresso. A utilização da fotografia para atestar o fato noticiado não apenas servia de testemunho do ocorrido, mas também definia sua posição submissa em relação ao texto, considerado verdadeiro conteúdo relevante da matéria jornalística. Logo, a concepção de prova, testemunho, espelho ou *analogon* do real[2] (Barthes, 1990; 1984) indicaria o teor de

[2] Barthes desenvolve a discussão sobre o caráter referencial da imagem fotográfica no texto "A mensagem fotográfica" (1990), mas também aprofunda certa perspectiva sobre o traço referencial no livro publicado posteriormente. Ver BARTHES, 1984.

verdade e de credibilidade que atravessaria tanto o uso quanto a leitura das fotografias no jornalismo.

A objetividade fotográfica estava vinculada ao valor de verdade, uma vez que era entendida como uma "emanação" direta do referente, do fato real, muitas vezes, capturadas no calor da hora. Como lugar de "verdade", o fotojornalismo passou a se destacar também como lugar da crença e da verificação. Esses elementos foram imprescindíveis para a aceitação inicial e a utilização crescente do fotojornalismo, que se expandiu para outros espaços além do jornalismo diário, como o jornalismo de revista e o telejornalismo, por exemplo.

Ao longo do tempo, a fotografia de imprensa conseguiu alcançar certo patamar de prestígio dentro do jornalismo e o investimento no material fotográfico passou a refletir, em boa medida, os quadros socioculturais que se desenharam na produção e difusão massiva de notícias. Como indicado por Margarita Ledo: "O aprendizado do olhar como documental, como contrato de credibilidade, exige uma relação de identidade com a tecnologia e comporta a experiência de mediação: estamos no mundo através de sua representação" (Ledo, 1998, p. 13, tradução nossa).

Desse modo, seria possível não indicar uma história coesa do fotojornalismo, mas destacar uma trajetória demarcada por essas duas variáveis imbricadas: as inovações de linguagem favorecidas pelo domínio das técnicas e o valor representativo da realidade configurada nas imagens, que cada vez mais obtinham autonomia em relação ao valor referencial da realidade.

O desenvolvimento do fotojornalismo, no entanto, ocorreu entre rupturas e tensões a partir de sua própria qualidade até então definidora: a objetividade. Um extenso debate se seguiu entre vertentes distintas que defendiam ou refutavam as fotografias como fontes de pesquisa, registro histórico, elemento memorialístico, símbolo cultural, agente ideológico ou ainda objeto estético (Freund, 2002; Crary, 1990; Hall, 1997; Sontag, 2004).

A discussão crítica foi acirrada, sobretudo na modernidade, enquanto proliferavam novos formatos das mídias impressas comerciais. A essa altura, revistas semanárias como a *Life*, *Time*, *Vu* e *Paris Match* já tinham seus trabalhos consolidados utilizando a fotografia, em vez do desenho, como era referência da época. Em seguida, um conjunto de outras atividades foi criado e acabou auxiliando na projeção e consolidação do fotojornalismo, até então sem limites conceituais para com o fotodocumentalismo – que teve grande repercussão junto ao público em geral. Um exemplo disso foi a grande mostra *The Family of Man*, organizada pouco depois da Segunda Guerra Mundial, em 1955, pelo fotógrafo Edward Steichen, no Museu de Arte Moderna, em Nova Iorque. A ideia central da exposição era conscientizar o homem através da fotografia como linguagem universal.

Fotógrafos profissionais, amadores e artistas foram convidados a enviar fotografias sobre temas diversos. Dois milhões de fotografias provenientes de 68 países foram recebidos e selecionados em duas fases resultando na exibição de 503 fotos. A exposição alcançou notoriedade mundial com mais de nove milhões de visitantes entre os países que percorreu (Sandeen, 1995). Em 2003 a UNESCO incluiu a coleção como patrimônio cultural sob a alcunha de Memória do Registro Mundial, em reconhecimento ao seu valor histórico. Some-se também a criação de grandes agências de fotografias, que revigoraram o panorama da fotografia documental e jornalística, como a Magnum Photos, fundada em 1947 por grandes profissionais da área: Robert Capa, Henri Cartier-Bresson, David Seymour, George Rodger, William e Rita Vandivert.

Este breve resumo retrospectivo sublinha que, se é possível mencionar uma história do fotojornalismo, ela não pode estar dissociada da ascensão institucional da mídia. O fotojornalismo se desenvolveu e ainda se nutre no seio da própria mídia. Sua inserção histórico-cultural sempre esteve atrelada à consolidação midiática diretamente ligada ao investimento tecnológico e econômico das instituições fotográficas, jornalísticas ou não.

Sua prática, ao assumir um patamar mais estável na imprensa, começa também a propagar padrões visuais e estéticos mais afeitos aos protocolos de uma documentaridade peculiarmente jornalística. Trata-se de uma primeira sistematização do fotojornalismo como um gênero autônomo. Critérios de noticiabilidade são definidos como mais adequados à instauração de um *modus operandi* dos fotojornalistas. Livros e manuais sobre composição para o fotojornalismo começaram a estabelecer formas para sua elaboração.

Segundo Sousa (1998), esses modelos propostos também apresentavam dissensos quanto ao que deveria ser considerado pelo fotojornalismo. Em alguns deles, a composição deveria privilegiar o motivo centrado e simétrico, o primeiro plano, assim como os cenários simples, como premissas básicas do fotojornalismo que são utilizadas até hoje. Entretanto, em recentes manuais, como o do *The Associated Press Style Book* (1986), se indica o uso da "regra dos dois terços" na iluminação e composição, utilizada principalmente pela fotografia publicitária e artística. Tal apropriação é motivada de modo a favorecer

> [...] a combinação de elementos da arte e do *design*, de maneira que as fotografias fossem mais apelativas, contribuindo, assim, para a circulação e prestígios dos jornais e para bater a concorrência; esses elementos seriam a enfatização do grafismo visual e a exploração de expressões de dignidade, serenidade, conforto, prazer e semelhantes. (Sousa, 1998, p. 15)

Esses manuais inclusive prescrevem modos de abordagem dos acontecimentos trágicos, como incêndios, desastres ou acidentes, a fim de demarcar as convenções visuais do gênero e orientar melhor os fotojornalistas a lidar com a urgência do tempo em situações inusitadas. Assim, uma fotografia teria mais chance de ser considerada fotonotícia. "Nesta lógica, qualquer reportagem deveria apresentar um plano geral para localizar a ação, vários planos médios para mostrar a ação, um ou dois grandes planos para dramatizar e emocionar" (Sousa, 1998, p. 16).

Em retrospectiva, esta breve análise do percurso que as imagens fotográficas trilharam dentro do fotojornalismo demonstra como os aspectos sociais, culturais, econômicos e tecnológicos elencados se relacionaram com vistas a uma espécie de política de figuração visual propriamente fotojornalística.

Outros valores para além do referente

As mesmas referências apresentadas para o entendimento de um percurso das fotografias no fotojornalismo acabaram por indicar que elas não só obtiveram autonomia quanto ao critério básico da referencialidade do real, mas também se notabilizaram por outros valores que passaram a vigorar nas imagens. As fotografias jornalísticas, ainda que estivessem historicamente atreladas à concepção de informação, de indicialidade dos fatos registrados, apresentaram facetas diferenciadas de um purismo analógico para ressaltar graus discursivos e não apenas o valor de verdade. Nesse processo, o incremento tecnológico continuou a ser importante para a produção fotojornalística, contudo, houve mesmo foi certa abertura à experimentação e as apropriações de recursos visuais de várias outras formas de linguagem, como a pictórica, a artística, a televisiva e a publicitária.

Novas negociações passaram a estabelecer diferenças nos modos de ver fotografias de imprensa através dos diversos trânsitos estéticos em jogo. Esses agenciamentos não só indicaram a fragilidade do discurso referencial da imagem fotográfica como também aludiram às porosidades que o próprio campo jornalístico apresentou quanto ao suposto ideal de documentação da realidade *tout court*.

> De facto, se por volta de 1880 nascia o naturalismo e, uma década depois, o pictorialismo, rapidamente se chega ao futurismo e ao expressionismo, ao surrealismo, ao construtivismo, ao dadaísmo, à Bauhaus. Todos estes movimentos artísticos tiveram influência sobre a fotografia e, consequentemente, sobre o fotojornalismo, tal como a teria, noutro plano, a fotomontagem, que, rompendo com a tradição mimética da realidade, emprestou à imagem de imprensa o cariz interpretativo e expressivo que ainda lhe ia faltando. (Sousa, 1998, 49)

Outra gama de questões passou a interrogar o fotojornalismo como gênero de linguagem ou prática jornalística desde então. Se houve relativa abertura a elementos provenientes de outras formas visuais e narrativas, esse mesmo movimento provocou alterações na atualidade dos debates, sobretudo em torno da ética e da deontologia do fotojornalismo. Entretanto, essas alterações percebidas não significam inovações profundas no fotojornalismo nem o descarte de critérios de noticiabilidade, mas ressaltam variáveis que compõem estes critérios.

Se um dado efetivamente histórico pode ser atribuído ao percurso do fotojornalismo na sistematização da realidade, ele reside na dimensão ficcional e construtora que a intervenção/produção fotográfica aporta. A ampliação de suas possibilidades pela diluição de antigas fronteiras em termos imagéticos, para além de organizar representações do mundo, destacam modificações na inscrição expressiva dos fatos que correspondem, simultaneamente, a novos pactos do olhar.

O crivo de objetividade pelo qual atendia as fotografias, mesmo as jornalísticas, tem evidenciado ao senso comum que há mais elementos em jogo que a mera reprodução do mundo. Nesse contexto, o fotojornalismo tem revelado que a verdade é apenas parte constitutiva do efeito. Cabe às investigações do olhar analisar quais os elementos estão postos em cena.

Síntese da questão

As diversas denominações e categorizações que envolvem o fotojornalismo – fotografia de imprensa, fotoilustração, fotografia informática, fotodocumentalismo, fotorreportagem, etc. – deixam claro, de imediato, a dificuldade de limitar seu campo conceitual. "Fotojornalismo" pode se referir a fenômenos distintos, como uma especialização do jornalista, um gênero jornalístico ou um ramo da fotografia. Essa imprecisão ressalta a qualidade, mais complexa que ambígua, da fotografia como informação.

CAPÍTULO XIV

O jornalismo pode fazer rir ou chorar?

Carlos Jáuregui

Diariamente nos deparamos no noticiário com histórias tristes, felizes, angustiantes, engraçadas, surpreendentes ou revoltantes. É comovente ver o caso do menino que passou três dias preso em um poço, a lição de coragem do bombeiro que atuou no resgate das vítimas de uma catástrofe ou a reportagem que narra a trajetória da seleção ganhadora do Mundial de Futebol. Da mesma forma, é difícil permanecer apático frente ao caso de uma pessoa que mata o próprio pai ou frente ao relato de um crime com requintes de crueldade, em que a vítima sofre tortura antes de ser executada.

Em casos assim, a afetividade mobilizada pelo jornalismo é inegável, uma vez que certos acontecimentos são especialmente capazes de tocar as paixões[1] de um público. Mas se certos episódios e temáticas geram intensa comoção na sociedade, também existe a compreensão de que setores mais específicos da mídia como a imprensa popular e o jornalismo esportivo teriam o apelo emocional como traço de identificação, tornando

[1] Em função de limitações de espaço e da compreensão de que as reflexões construídas neste texto se referem à afetividade de forma geral, não diferenciaremos as noções de afeto, emoção, paixão e sentimento.

dramáticos alguns fatos que, em outros meios, não teriam a mesma abordagem.

Embora haja evidências que apontem tanto para o maior poder de afetação de alguns acontecimentos quanto para a existência de estratégias discursivas de exploração da emoção na notícia, gostaríamos de convidar o leitor a observar a emotividade nos meios informativos por outra perspectiva. Em vez de classificá-la como decorrência de eventos necessariamente comoventes ou como um indício de "mau jornalismo" ou "sensacionalismo", propomos um olhar que seja capaz de refletir sobre os diversos sentimentos mobilizados na atividade jornalística: desde a *indignação* desencadeada pela denúncia de casos de corrupção até o *horror* vinculado a relatos trágicos e violentos ou a *idolatria* pelas celebridades e heróis esportivos que povoam os meios.

Embora o termo "sensacionalismo" tenha alcançado grande adesão em nosso meio profissional e até mesmo entre os consumidores de informação, seu uso pode nos levar a um grave equívoco. Ao dizer que determinado jornal é sensacionalista enquanto outro veículo não o é, podemos ser levados a ignorar que as sensações, as emoções e os sentimentos fazem parte de toda e qualquer interação humana. Tal pensamento é, no mínimo, redutor e tem como uma de suas consequências a construção de um ideal jornalístico puramente racionalista, sem nenhuma dimensão emocional.

Para evitar esse tipo de abordagem, é preciso, antes de tudo, considerar que a dicotomia entre razão e emoção encontra-se em grande medida superada no pensamento científico contemporâneo. Se durante um longo período de nossa tradição ocidental vigorou a ideia de que as paixões são fenômenos incontroláveis que ameaçam o pensamento lógico e distorcem a percepção de mundo, hoje contamos com argumentos bastante convincentes contra essa visão.

Entre esses argumentos, destacamos a compreensão de que a afetividade humana não seria fruto do acaso ou de impulsos individuais incontroláveis. Nossos sentimentos, nossas emoções e nossas paixões responderiam a certas lógicas e teriam forte vínculo com normas sociais e códigos culturais. É o que observou o antropólogo francês David Le Breton (2009), ao propor que os grupos humanos teriam culturas afetivas, que de alguma forma condicionam as reações dos indivíduos frente aos acontecimentos:

> As emoções não são expressões selvagens que vêm quebrar as condutas razoáveis, elas obedecem a lógicas pessoais e sociais, elas têm também sua razão, da mesma forma que a razão não se concebe uma inteligência pétrea ou maquinal. Um homem que pensa é sempre um homem afetado, alguém que reúne o fio de sua memória impregnada de certo olhar sobre o mundo e sobre os outros. (Le Breton, 2009, p. 116-117)

De acordo com esse raciocínio, sempre existirá uma lógica subjacente ao estado afetivo de um sujeito que se sente *triste*, *feliz* ou *colérico*. Haverá justificativas, razões que o levarão a experimentar tais sentimentos. A *indignação*, por exemplo, poderia ser entendida como um mal-estar desencadeado pela violação de um valor moral ou pela percepção de uma situação de injustiça. A *felicidade*, por sua vez, estaria ligada à realização de um desejo, e a *esperança* seria uma expectativa positiva a respeito de uma futura realização.

Também podemos considerar que haverá variações nessas lógicas em função das diferentes culturas, dos grupos sociais e dos códigos morais. Por isso, um animal selvagem provavelmente causará muito mais *medo* ao morador de uma grande cidade do que a um indígena que tem a caça como hábito. Da mesma forma, homens provenientes de sociedades machistas estarão mais propensos a vivenciar intensos ataques de *ciúme* do que pessoas criadas num ambiente com mais igualdade entre os gêneros.

Embora não tenhamos a possibilidade de nos aprofundarmos aqui no debate sobre razão e emoção, podemos considerar desde já que a separação entre as duas noções não deve ser assumida como uma atitude óbvia e confiável. O melhor é compreender os dois termos numa relação fluída e problemática. Por um lado, as paixões seguiriam as lógicas construídas por códigos morais, sociais e culturais. Por outro, a razão comportaria sempre uma parcela de emoção, pois todo homem que pensa não apenas avalia os acontecimentos de forma mecânica e automática, mas também os vivencia e é *afetado* por eles.

Tamanha complexidade do debate sobre razão e emoção não deve significar um obstáculo para inserir essa problemática numa reflexão sobre o fazer jornalístico. A importância de pensar as emoções na notícia se faz evidente quando lançarmos um olhar atento e desconfiado para a primeira página de qualquer jornal, revista ou portal de informação. Em um instante, aquilo que parecia sufocado pela pretensa objetividade jornalística, mostra-se potencialmente presente em todas as manchetes e chamadas.

A título de exemplo acessamos, no dia 1º de outubro de 2012, o portal Folha.com, que tem seu conteúdo vinculado ao tradicional jornal impresso *Folha de S.Paulo*:

Figura 1 – Portal *Folha de S.Paulo*

Fonte: Portal folha.com. Acesso em 1º out. 2012, às 10h19.

Às 10h19 da manhã daquela segunda-feira, a manchete de maior destaque na primeira página do portal informava: "Documentos revelam atuação do PCC em 123 cidades paulistas". Logo abaixo desse título, a versal "Luto" precedia a manchete "Historiador Eric Hobsbawm morre aos 95 anos em Londres". Ainda mais abaixo, mas com bastante visibilidade para quem acabara de acessar o site, podia-se ler a manchete "Supremo pode decidir hoje se houve compra de apoio político", antecedida pela versal "Mensalão".

Os três exemplos são suficientes para demonstrar a relevância da discussão que propomos. O primeiro deles mensura a abrangência da facção criminosa Primeiro Comando da Capital (PCC) no estado de São Paulo. Ainda que o faça de uma forma aparentemente objetiva (ao mencionar "documentos") e quantitativa ("123 cidades"), o título não deixa de mobilizar uma dimensão afetiva. Embora não tenhamos condições de saber o que todos sentirão ao ler a manchete, podemos construir algumas hipóteses bastante verossímeis se tentarmos recuperar a experiência de quem tem contato com o texto. O internauta residente num município do interior de São Paulo, por exemplo, poderia vivenciar o *medo* de que a violência se intensifique na sua cidade ou sentir-se *indignado* com a ineficiência das autoridades para conter as ações desses criminosos. Um militante filiado a um partido de oposição ao então governador Geraldo Alckmin, por sua vez, poderia sentir certo *prazer* ao ver uma fraqueza do adversário exposta na internet e até *esperança* de que a notícia pudesse interferir nos rumos das eleições municipais marcadas para o domingo seguinte.

No caso da morte do historiador Eric Hobsbawm, a dimensão afetiva da notícia se faz mais evidente, uma vez que a versal "Luto" demonstra de maneira clara o posicionamento do portal a respeito do acontecimento. Não acreditamos que essa mesma versal antecederia, por exemplo, uma manchete sobre a morte de um ditador ou de um criminoso procurado pela Justiça. Alguns conhecedores da obra de Hobsbawm podem ter sentido *tristeza* ao se deparar com a notícia, enquanto outros internautas que soubessem pouco ou nada sobre o historiador podem ter ficado *curiosos* para entender por que sua morte recebeu tanto destaque no portal. Se este último leitor tiver desenvolvido anteriormente uma relação de credibilidade e confiança com o portal, também estará mais propenso a se identificar e respeitar o "Luto" decretado por *Folha* na medida em que sacia sua *curiosidade* ao ler a matéria. Se não chegar a se entristecer com a notícia, pelo menos compreenderá as *razões* dessa *tristeza*, fazendo-se solidário a esse sentimento.

Por fim, a terceira manchete que usamos como exemplo refere-se a um dos julgamentos de maior cobertura midiática em nossa história. Tal título pode colocar o leitor num estado de *apreensão* com relação ao resultado dos votos dos juízes que compõem o Supremo Tribunal Federal. E o próprio termo "Mensalão", usado como versal, é capaz de mobilizar julgamentos e afetos antes mesmo de que um veredito seja anunciado pela Corte. Cunhado em 2005 como designação de um suposto esquema de compra de votos na Câmara Federal, o "mensalão" tornou-se símbolo da corrupção política e motivo de *indignação* de diferentes parcelas da população brasileira. Sendo assim, a escolha por essa palavra sem nenhuma validade jurídica como versal intensifica o potencial afetivo da manchete ao direcionar a leitura para uma memória emocional amplamente compartilhada pelos leitores.

Uma análise mais abrangente do portal revelaria a ampla variedade das paixões mobilizadas em seu discurso. Logo abaixo do cabeçalho, os termos "Leilão de virgindade", "Eleições", "Mensalão" e "Facção criminosa" são identificados como "Temas do dia". Ao lado das manchetes que usamos como exemplo, há um espaço em que se revezam diferentes imagens acompanhadas por legendas, entre elas: a foto de um acidente de trânsito na Marginal Pinheiros, em São Paulo; a imagem das integrantes da banda punk russa Pussy Riot, presas em função de um protesto realizado numa catedral da Igreja Ortodoxa; e uma fotografia do historiador Eric Hobsbawm com um texto que explica a causa de sua morte. Ao longo da página também há espaço para se falar sobre o campeonato brasileiro de futebol, os próximos capítulos de novelas e séries de TV, a vida de celebridades, o lançamento de obras literárias e o caso de uma jovem brasileira que à época leiloava sua virgindade pela internet.

É possível acreditar que toda a variedade de *interesses* e *valores* potencialmente mobilizados nesses relatos configuraria uma atitude livre de afetividade? Existiria algum ser humano capaz de ser tão impassível?

Demonstrar a presença das emoções nos relatos jornalísticos é apenas um primeiro passo. Precisamos ir além e compreender de forma mais aprofundada como se constroem as emoções nos diferentes meios jornalísticos, numa abordagem capaz de gerar conhecimentos acerca das diferentes relações construídas entre mídia e público, dos variados gêneros e linhas editoriais dos veículos "em circulação" e da diversidade de valores morais envolvidos nessas trocas comunicativas.

Do ponto de vista de quem produz notícia (jornalistas, editores e empresários) e de quem ainda vai produzir (estudantes), é preciso ter em mente que o ato de informar é inseparável do ato de emocionar. Se, por um lado, os manuais jornalísticos ensinam que devemos conhecer as expectativas e as competências de leitura de um determinado público para garantir o melhor entendimento possível das notícias, por outro, esses guias acabam se esquecendo de avisar que também devemos fazer as apostas certas com relação às emoções que serão comunicadas por meio de um relato jornalístico.

Escrever uma matéria ou reportagem ignorando os afetos que poderão ser experimentados pelo público é abrir mão de uma parte essencial de sua significação, é deixar de pensar na forma como o leitor vai inserir esse relato em sua experiência cotidiana. Embora o processo de "emocionar o leitor" se desenvolva muitas vezes de forma satisfatória sem que uma maior reflexão seja feita por parte dos produtores de notícia, é possível que cheguemos a importantes avanços se incorporarmos tal discussão na formação de nossos jornalistas.

Ao abraçar esse desafio, também agregaremos novas perguntas à lista dos interesses de quem faz ou estuda jornalismo:

- É possível pensar as emoções na notícia desde o ponto de vista da técnica jornalística? Se for possível, então como fazer isso?
- Como saber ou pelo menos presumir com mais acerto as emoções que o público efetivamente experimenta no contato com os produtos jornalísticos?
- Há limites éticos para a exploração de uma retórica emotiva no jornalismo? Se há, então como estabelecer esses limites?
- Quais emoções são legítimas de serem expressas ou vivenciadas nos relatos jornalísticos? É possível evitar que nossos textos estimulem sentimentos como o ódio, a intolerância ou o ressentimento? O jornalismo pode ser um instrumento para combater esse tipo de paixões? Quais são os caminhos para isso?

Síntese da questão

A tradicional oposição entre razão e emoção pode nos conduzir a uma compreensão superficial e até mesmo equivocada do jornalismo, como uma atividade sem nenhuma dimensão afetiva. Neste capítulo, propomos uma diferente forma de abordar a questão, tratando de pensar a afetividade como uma dimensão fundamental das relações construídas entre mídias informativas e público e as emoções como elementos presentes em todo e qualquer relato jornalístico.

CAPÍTULO XV

Quem conta um conto aumenta um ponto?

Phellipy Jácome

O conhecimento popular encarnado no advérbio que dá título a esse ensaio sugere que a cada vez que contamos uma história, agregamos a ela fatores da nossa experiência. Seja porque realçamos determinados detalhes ou porque omitimos alguns de seus aspectos, ao renarrar, sempre proporíamos outras formas de articulação dos variados elementos que compõem um acontecimento. Essa provocação nos fornece uma problemática interessante para pensarmos as múltiplas possibilidades de existência da realidade que compartilhamos, bem como o imprescindível papel da narrativa na instituição social do real. Isso porque o provérbio "quem conta um conto aumenta um ponto" parece nos dizer da própria condição humana de tornar inteligíveis as complexidades caóticas de nossa existência, dotando-as de um sentido sempre tão necessário quanto limitado. Portanto, o que temos implicado aí é a relação mesma entre fatores muito diversos tais quais a linguagem, a realidade, a significação, os critérios de verdade, etc.

Em suma, arranjos complexos que permitem a constituição dos mundos humanamente significados e plausíveis de serem configurados, reinventados e refigurados. Podemos entender o dito popular relacionando-o àquilo que Farré (2004) aponta como a característica principal da narrativa que, a partir da articulação de signos simbólicos, se apresenta como a estrutura *onde* e *como* se constrói os modelos de mundo. Como aponta a autora, a narração é uma dotação de sentido, uma espécie de dobradiça que une linguagem a uma interpretação de mundo, relacionando sujeitos e ações, dando um valor adicional à história: a compreensão. Nesse sentido, são muitas as questões que parecem surgir da ideia de narratividade: o "aumentar o ponto" seria uma característica inerente a quaisquer narrativas? Ou corresponderia a uma deturpação do real a ser evitada em modalidades como o jornalismo? Aumentando o ponto, construímos o conto? Ou o conto, como realidade mesma, poderia existir para além dos pontos? Longe de propor uma resposta única a perguntas tão complexas, o que pretendemos nesse texto é ressaltar alguns traços possíveis para pensar a relação entre jornalismo, narrativa e realidade, ancorando-a na ideia de fabulação ou de invenção criadora que está impregnada no dito popular.

Assim sendo, somos levados a pensar acerca das dimensões constitutivas da imaginação e da própria relação entre a ficção e a realidade. Tal questão alcança ainda patamares complexos e sinuosos quando a aproximamos de modalidades que se comprometem com um discurso único de verdade e que se oferecem como um relato "daquilo que realmente aconteceu", como é o caso do jornalismo. Nessa perspectiva, pelo menos a princípio, a adição de "pontos" a um suposto acontecimento inicial e extrínseco é algo a ser rechaçado em favor de uma objetividade textual. Afinal, não esperamos que um telejornal, ao noticiar um acidente de trânsito, agregue por simples vontade imaginativa personagens como porquinhos que constroem casas ou recorra a especialistas como sabugos de milho metidos a intelectuais.

Entretanto, sabemos que os distintos meios informativos organizam a informação de maneiras específicas, que têm diferentes vozes e formas peculiares de rearranjar os diversos fragmentos da realidade. Desse modo, ainda que não se utilizem comumente de histórias fabulosas, poderíamos entender que cada notícia, reportagem ou crônica representam uma nova existência no reino da linguagem. E que, por isso, têm aspectos criadores, de ficcionalização, na medida em que propõem relações que, novamente a princípio, não existiriam numa suposta realidade concreta e à parte da ação do jornalista.

Nesse sentido, das perguntas que elencamos acima parecem surgir, pelo menos, duas proposições iniciais e contrapostas: (1) é possível evitar a adição desses pontos, em favor de uma realidade única e acessível, ou seja, ficção e realidade são coisas completamente distintas; (2) ficção e realidade são coisas indiferentes, e ambas comungam da situação de serem humanamente inventadas, ou seja, a realidade seria uma espécie de simulacro, e não existiria nada para além do texto.

Quem conta um conto não deve *aumentar nenhum ponto*

Como sabemos, boa parte do discurso que o jornalismo produz acerca de si surge para reivindicar uma suposta capacidade de trazer a realidade bruta sob forma de relato, numa negação extrema a qualquer elemento fictício, que não deveria, de modo algum, fazer parte de uma notícia. Por isso mesmo, tal concepção, frequentemente encontrada em manuais profissionais e em códigos de ética, engendra uma série de pressupostos tais quais a objetividade e o espelhismo, que derivam de uma noção única de verdade, imune às "tentações da imaginação".

Essa concepção de jornalismo apregoa, então, que "quem conta um conto" *não deveria* jamais aumentar nenhum ponto, já que é função do jornal trazer o acontecimento "como ele realmente aconteceu", sem valoração ou juízos pessoais. O conto, desse modo, deveria ser uma espécie de duplicação de uma realidade externa, imaculada pela ação responsável e isenta do jornalista. Isso se daria através de alguns procedimentos operacionais, tais quais a cessão das palavras aos vários lados de uma disputa, a utilização de dados e de pesquisas científicas, o lide, a pirâmide invertida, etc. A partir desses recursos, o profissional da informação seria capaz de "desvendar" a realidade e trazer a verdade, somente a verdade, nada mais que a verdade para o espectador/leitor.

A crença numa verdade rígida e ontologicamente marcada é, portanto, um ponto de ancoragem importante no jornalismo e serve como estratégia de persuasão do leitor, na medida em que é pouco provável que alguém compre uma revista ou assista a um telejornal esperando ver ali uma realidade mentirosa, falseada. Por isso mesmo, o jornalismo precisa vincular-se e embasar-se estreitamente em normas de veracidade que servem sobretudo para regular e legitimar aquilo que é produzido e ofertado. Isto é, como o jornal – enquanto integrante de sistema industrial/comercial – depende de que as pessoas creiam que o que ele diz é verdade para que o comprem, é necessário assumir o compromisso de utilizar métodos eficientes para levar informação idônea ao público consumidor. A base que sustenta tal argumento é especular, já que a realidade poderia ser entendida como algo acessível, capturável e reproduzível. O texto jornalístico seria, assim, caracterizado por uma denotação transparente, e seu sentido, totalizável e imanente. O "conto" (tudo aquilo que é noticiado) não teria novos pontos e deveria representar uma duplicação do real, sem os prejuízos ou as perturbações "desnecessários" provocados pela ficção.

Talvez por isso, em *Manual do telejornalismo*, por exemplo, Barbeiro e Lima (1998) defendem que é "a honestidade do jornalista e do veículo de comunicação em que ele atua que assegura a fidelidade à verdade factual" (p. 21). Além disso, postulam que "a separação entre notícia e entretenimento deve ser clara. O compromisso do jornalista é com a notícia correta e não com o entretenimento que deve ser objeto de outros programas da emissora" (p. 29). Assim, o uso de recursos típicos do relato literário como metáforas, analogias, ironias, adjetivação devem ser encaradas como um erro e um desvio ético, que comprometeriam a veracidade dos relatos jornalísticos.

Entretanto, um breve passeio pelos jornais de referência já serviria para tensionar essa ideia de que não se agrega ponto ao jornalístico conto. O que podemos perceber na televisão, por exemplo, é a utilização crescente de imagens produzidas e ambientes criados de maneira artificial para gerar maior contato entre o espectador e o ambiente proposto na tela. Em casos extremos como a morte da "menina" Isabela Nardoni, a cena do se acreditava ser o crime foi totalmente reconstituída por computadores, mas também em situações mais cotidianas é possível perceber o uso crescente dos recursos digitais. Para a apresentação dos números em bolsas de valores e variação na cotação das moedas, por exemplo, emergem tabelas e gráficos ao lado do apresentador, que muitas vezes são naturalizadas na diegese pelos movimentos da câmera, gerando o efeito de que aquilo tem uma concretude e que "está ali". Em meios impressos ou na rede são também cada vez mais utilizados recursos como a infografia ou notícias contadas numa estética similar à dos videogames e das histórias em quadrinhos. A presença das imagens digitais acentua ainda mais o grau de artificialidade e a natureza distinta dessa realidade, que dá sentido coerente ao mundo que reporta, mas o constitui também como um mundo próprio, numa realidade discursiva fabricada.

Essa reflexão é interessante porque nos leva a questionar e mesmo a negar uma suposta realidade fixa anterior à narrativa. O que essa "artificialidade" do jornalismo indica é que talvez qualquer notícia produzida já tenha elementos ficcionais, tendo em vista que ainda que não "edite" as imagens, elas sempre serão frutos de um enquadramento proposto por alguém, tais quais, ao extremo, quaisquer outros fragmentos da notícia. Além disso, a "verdade" e a própria realidade parecem variar na constituição narrativa dos mais variados mídias noticiosos. Ou alguém acredita que a realidade proposta por *Veja* é a mesma da *Carta Capital*? Ou que o *Jornal Nacional* configura o mesmíssimo mundo do *Jornal Hoje*?

Seria então tudo ficção?

Não importa o conto, é tudo aumento de ponto

Em contrapartida a essa visão de que realidade e ficção seriam coisas opostas, há teóricos como Christian Metz (1968), que propõem que qualquer noticiário estaria necessariamente no âmbito da ficção, já que sua relação com a realidade é a mesma que a de qualquer criação discursiva. Ou seja, a produção de uma notícia, de uma reportagem, de uma crônica, de uma nota, etc. seria sempre uma atividade simbólica e intencionada, cujo conteúdo não seria nem poderia ser a realidade mesma. Seria tratar de afirmar, portanto, que, mesmo quando apresenta analogias ao mundo real, o relato sempre se diferiria dele radicalmente. Primeiro, porque se trataria de uma sequência limitada no tempo e em função de um início e de um fim, mas, sobretudo, porque é contado por alguém, proferido por um narrador (Metz, 1968, p. 25-35).

Nesse sentido, fica claro que a adição de pontos é o que faria o conto e a própria realidade ali construída, como se não houvesse nada para além do texto. Por isso, o jornalismo, como qualquer outra formulação na linguagem poderia ser definido como um simulacro, uma simulação da realidade. Tudo é interpretação, e nada existe para além da narrativa, tendo em vista que a linguagem é aquilo que possuímos para explicar o mundo, e ela nunca terá acesso a uma suposta realidade plena. Desse modo, não faria sentido fazer nenhuma separação entre ficção e não ficção, na medida em que tudo seria invenção humana. Ao extremo do exagero, tudo seria tão falso quanto verdadeiro, mentiroso e real, sem distinções plausíveis.

Entretanto, assim como aceitar uma realidade fixa e acessível não resiste a um exame nos próprios jornais, entender ficção e realidade como coisa indistinguível nos parece pouco produtivo. Isso porque, se assumirmos uma condição ficcional *a priori* do jornalismo, não nos preocuparíamos em questionar as convenções que o governa, entendendo que não faria sentido, por exemplo, uma aproximação do jornalismo com a realidade social, já que ele seria sempre uma obra de ficção. Essa ideia, portanto, nos parece insustentável, na medida em que sabemos que existem diferenças entre os diferentes jornais e que essas diferenças incidem de maneiras peculiares na vida social, não sendo "a mesma coisa, de qualquer modo". Por isso, esse viés integracionista também é pouco proveitoso, porque, ao dizer que tudo é ficção, não permite estabelecer relações entre a obra e seu contexto mais amplo nem com as múltiplas possibilidades de leitura e a oferta de liberdade de leitura existentes em qualquer texto.

Tanto na primeira abordagem quanto na segunda, o que podemos perceber é concepção de que o conto (a narrativa) estaria necessariamente apartada da realidade: na primeira porque o ato de narrar não incidiria sobre aquilo que entendemos pelo real, não o afetaria nem o configuraria. Na segunda, porque a realidade é algo tão inacessível que a narrativa seria uma mera invenção que não possuiria aspectos desse real também exterior e inatingível.

É nesse momento que as duas concepções parecem ser insuficientes para explicar relações mais amplas entre a narrativa e sua vinculação social, seu caráter referencial e imaginativo. Nem tão segregadas nem tão indistintas, ficção e não ficção se relacionam, permitindo zonas de entrecruzamento e abrindo possibilidades mais porosas e complexas de interpretação e configuração da realidade. Por isso, não seria prudente retornarmos ao nosso ditado popular e perguntar se "é articulando pontos, que compomos contos?".

Articulando pontos e contos

Um primeiro lugar a ser tensionado parece ser a ideia de que a realidade e a narrativa são coisas separadas e opostas. Nesse sentido, os empreendimentos levados a cabo por Ricoeur em seu estudo sobre as narrativas históricas e ficcionais parecem ser um lugar de partida instigante. Narrar surge para o autor como uma condição para que possamos trabalhar poeticamente paradoxos complexos como o tempo e a identidade. A realidade, como sabemos, tem elementos dispersos e multifacetados que carecem de uma composição para que possam ser significados e inteligíveis. Por isso, é narrando que articulamos fragmentos desarranjados e os fazemos concordar, dispondo numa trama, isto é, num tecido narrativo, o que antes não tinha uma vinculação evidente. Não é assim que compomos uma narrativa jornalística? Unindo personagens, fontes, dados, especialistas numa história coerente e possível? Menos do que duplicar um real, não estaríamos movimentando seus fragmentos e incidindo nele diretamente?

Nessa mesma esteira, diferentemente da ideia de uma metafísica e de uma imitação de um mundo das ideias, Ricoeur recupera Aristóteles e Agostinho para propor que a narrativa não é apenas imitação e que, ao contrário, deve ser entendida de maneira tão representacional quanto produtora. Por isso, ela se constitui na relação entre o domínio do real e o domínio do imaginário. Isso feito de maneira a produzir uma transfusão metafórica do campo de nossa vivência prática pela *poiesis*. Ou seja, o conto é resultado da articulação de diversos pontos que já existiam no mundo prático, mas que careciam de uma formulação humana, imaginativa, para que fosse dotada de sentido. Por isso, Ricoeur postula a existência de um círculo interpretativo, que se daria em três instâncias:

- **Mimese I** representa um mundo prefigurado, que diz respeito aos esquemas de representação do real, como pressuposições de verdade, que o leitor tem como dadas. É a narrativa em sua dimensão ética.
- **Mimese II** é o campo da *poeisis*, do mundo configurado, que corresponde às estratégias de criação e de inteligibilidade ao mundo realizadas pelas diferentes instâncias narradoras. É a narrativa em sua dimensão poética.
- **Mimese III** corresponde à refiguração, ou seja, o domínio de intervenção da atividade receptora, que atualiza a configuração de maneira persuasiva e emotiva. É narrativa em sua dimensão estética (adaptado de Farré, 2004; Pozuelo-Yvancos, 1994).

Nesse sentido, a criação de um mundo textual (mimese II) se dá a partir do mundo pré-figurado (mimese I) a ser refigurado pela ação do receptor (mimese III). Ou seja, sempre aumentamos um ponto, porque esses pontos representam os modos pelos quais vivenciamos determinados acontecimentos a partir da nossa própria experiência. Por isso, as três instâncias miméticas estão longe de ser estáticas, e é da transfusão constante entre elas que depende a criação de sentidos no mundo humano. Como a passagem de mimese I à mimese II deixa claro, qualquer configuração narrativa envolve necessariamente um processo de ficcionalização, ou como aponta Ricoeur, a abertura do "reino do como-se" (Ricoeur, 1994, p. 101). A representação, portanto, é posta em relação direta com o espaço no qual se desenvolve a ficção, já que tem aspectos de invenção criadora e de inovação semântica. O círculo hermenêutico tem ainda outra vantagem: reconhece a ficcionalidade como algo inerente a qualquer instituição narrativa do real, ao mesmo tempo que suporta acomodações de sentidos que dependem dos campos de cultura em que estão imersos.

Desse modo, dizer que toda narrativa tem um componente ficcional não equivale a dizer que tudo é ficção. É em função de regras culturais que as ações humanas são apreciadas segundo uma escala de preferência moral. Isso ajuda a explicar por que um mesmo texto pode ser considerado como *ficção* num determinado regime sócio-histórico e como *realidade objetiva* num outro. Ou como uma mesma narrativa pode ser interpretada de diferentes modos por distintos leitores, que trazem consigo enciclopédias de leitura muito diversas. Por isso, os pontos, os contos, a articulação entre eles dependem dos esquemas culturais, das regras sociais e da própria relação intersubjetiva para que alcancem significação. Desse modo, como defende Abril (2007), não se trata de negar a objetividade do texto, ao contrário, trata-se de afirmá-la de um modo novo: "a objetividade e a identidade do texto são sustentadas por práticas textuais que o atualizam e o dinamizam; são o resultado de uma atividade histórica e intersubjetivamente mediada mais que da persistência de certas constantes" (Abril, 2007, p. 83, tradução nossa.). A objetividade do texto, os regimes de verdade, a demarcação de fronteiras entre ficção e realidade, portanto, dependem menos de um suposto espelhismo textual ou de uma sobreposição integradora, e muito mais de um esforço cooperativo entre os agentes envolvidos nos processos de significação.

A questão da narrativa

Atingimos, assim, um novo patamar para pensar as tramas narrativas que dão suporte e coerência à nossa existência. Isso porque narrar constitui uma condição humana para que possamos tornar apreensíveis a realidade que nos cerca. Ao narrar, domesticamos o grande silêncio e estabilizamos - ainda que de modo sempre limitado - o fluxo de sentidos, dando coerência e certo fechamento ao que antes era demasiado aberto para ser inteligível. Não se trata de dizer que, ao narrar, resolveríamos os mistérios do mundo e encontraríamos o sentido pleno da vida. Mas sim que, em um mundo repleto de discordância, é função da narrativa estabelecer nexos que fazem concordar, de distintas maneiras, unidades antes dispersas. Isso equivale dizer que a trama textual compõe e integra acontecimentos únicos a uma história geral, extraindo da pluralidade das ocorrências mundanas, uma história coerente, sensata. Desse modo, uma narrativa jornalística deve ser vista como mais do que uma mera justaposição de eventos; é uma organização numa totalidade inteligível. Assim, ao narrar, compomos fatores heterogêneos (agentes, meios, interações, resultados inesperados) em um mundo possível, permeável e aberto à experiência do outro. A narrativa jornalística, portanto, tem acesso e apresenta apenas fragmentos do mundo factual. Assim, a ação do jornalismo é contar histórias para fundar ou afirmar uma realidade, baseada em critérios sedimentados daquilo que entendemos pela realidade. Tal realidade, multifacetada e complexa, continua existindo e se alterando no contato com o espectador, que a reafirma, a rechaça, a tensiona, a modifica a partir dos dados de sua própria experiência. Isso explica por que um espectador pode aceitar a realidade possível construída por *Veja* como algo verdadeiro e um outro leitor ter a convicção de que ela mente.

Isso porque a adição dos pontos, a feitura do próprio conto e os critérios de realidade exigem uma relação ampla entre os diversos sujeitos envolvidos no processo de significação. A vida, como podemos supor e experienciar, exige narração para ser compreensível, na mesma medida em que resiste à sua própria exigência e faz com que o círculo interpretativo nunca se esgote e sempre se altere.

Síntese da questão

O conhecimento popular nos diz que qualquer empreendimento narrativo traz consigo marcas da interpretação e da fabulação, na medida em que sempre agregamos novas articulações às histórias que nos são contadas e que refiguramos. Entretanto, no jornalismo, isso pode surgir como algo problemático, pois tensiona as pretensões jornalísticas de um relato puro, isento e objetivo. Neste capítulo, propomos formas diferentes de abordar a questão da constituição dos mundos narrativos, apontando para outras formas de relacionar ficção, realidade e os relatos que se prestam a narrá-las.

CAPÍTULO XVI

O jornalismo faz gênero?

Rodrigo Portari e Renné França

Segunda-feira, 25 de março de 2013. O repórter Maurício Meirelles, do *CQC* (TV Bandeirantes), promoveu uma polêmica entrevista com o político José Genoíno, condenado por corrupção ativa. Com um microfone escondido em uma criança, o programa utilizou uma câmera oculta para gravar a conversa do garoto – que se apresentou como fã do deputado – com Genoíno, já que o *CQC* não conseguia nenhum depoimento do político. Além da estratégia pouco ética, a entrevista chamou a atenção pela ausência de informação jornalística importante a ser divulgada, já que o "entrevistado" limitou-se a dar respostas vazias aos poucos questionamentos do garoto sobre sua condenação.

Domingo, 14 de abril de 2013. Menos de um mês depois da "entrevista" do *CQC*, na mesma Bandeirantes, o *Pânico* exibiu outra reportagem polêmica. Durante a cobertura do lançamento do livro do diretor de teatro Gerald Thomas, o entrevistado colocou a mão por baixo do vestido de Nicole Bahls, uma das integrantes do programa que o estava entrevistando. Após acusações de assédio sexual em jornais e nas redes sociais, tanto Thomas quanto os produtores do *Pânico* alegaram que o caso não deveria ser levado tão a sério, por se tratar de um programa de humor.

O que difere o *CQC* do *Pânico*? Enquanto o primeiro se apresenta como jornalístico para justificar sua busca pela informação "custe o que custar", o segundo se refugia na imagem de humorístico para explicar seus abusos. Mas ambos estão lá, com repórteres de microfone em punho, perguntando, incomodando, recheados de ironia. A que gêneros pertencem os dois programas? Ou seria mais importante perguntar: como o gênero jornalístico permite que dois formatos tão parecidos se apresentem como diferentes?

Nos dois casos, o gênero aparece como forma de situar os programas fora das normas próprias da sociedade. É como se o gênero jornalístico ou humorístico tivesse suas próprias regras, permitindo o uso de crianças com câmeras escondidas ou o abuso sexual caso isso leve aos objetivos propostos: informar ou fazer rir. Mas qual será o objetivo final de cada programa? O *CQC* é um programa jornalístico que faz uso do humor, e o *Pânico*, um programa humorístico que faz uso do jornalismo? Ou seria o contrário? A dificuldade de definição reflete o problema de tentativa de compreensão do gênero no jornalismo.

Gêneros do discurso. E do jornalismo.

Quando se fala (ou se escreve) sobre gêneros do discurso, não há como escapar de autores como Mikhail Bakhtin. Estudando as formas de utilização de enunciados dentro da língua, ele entende os gêneros discursivos como tipos de enunciados que vão se estabilizando através da utilização da língua. O autor divide os gêneros em primários (formados pela comunicação verbal espontânea, como réplica, carta, causo) e secundários (peças, romances, jornais). Quando os gêneros primários se tornam componentes dos gêneros secundários, eles se transformam dentro destes, perdendo sua relação direta com a realidade existente e com os anunciados alheios. Ligado diretamente ao gênero, encontra-se o estilo, como elemento indissociável das mudanças no gênero. Ou seja, muda-se o gênero, muda-se o estilo (pensando no jornal, a nota exige um estilo discursivo mais objetivo, diferente do detalhamento da grande reportagem ou das adjetivações da coluna social, por exemplo). Trazendo a discussão para a mídia, podemos pensar o estilo também como um formato discursivo?

Assim como na biologia os seres vivos são divididos em gêneros (animal ou vegetal) e espécies (carnívoro, onívoro, bípede), a mídia pode ser dividida em gêneros e formatos. Podemos pensar os gêneros como as categorias maiores e os formatos como as "espécies" que compõem esse gênero? José Carlos Aronchi (2004) propõe uma categorização da seguinte forma:

- **Entretenimento**: desenho animado, programas de auditório, colunismo social, filme, infantil, séries, *sitcom*, variedades, musical;
- **Informação**: debate, documentário, entrevista, telejornal;
- **Educação**: educativos, instrutivos;
- **Publicidade**: chamada, filme comercial, telecompra, político, sorteio;
- **Outros**: especial, religioso, eventos.

Mesmo com lacunas, a classificação feita pelo autor para a televisão pode sintetizar as principais categorias midiáticas, possíveis de ser encontradas nos mais diversos meios: impressos, eletrônicos ou digitais. Já os formatos que compõem cada gênero podem ser variados: ao vivo, auditório, capítulo, debate, depoimento, documentário, dublado, entrevista, episódio, esquete, noticiário, reportagem, revista, telejornal, vinheta, etc. Dá para concluir que os formatos são "os modos de fazer" dos gêneros. Vários são os autores que se debruçam sobre essa classificação, cada um oferecendo divisões e subdivisões diferentes, de acordo com suas próprias afiliações conceituais e pela evolução tecnológica dos meios.

Vejamos alguns exemplos. Kayser (1974) adota a seguinte classificação: informações, artigos; combinação "informação-artigo", sumários de imprensa e de emissões radiofônicas, folhetins, contos e novelas, quadrinhos e fotonovelas, cartas dos leitores, seções de serviços. Já Fraser Bond (1959) divide em noticiário (notícia, reportagem, entrevista, história de interesse humano) e página editorial (editorial, caricatura, coluna, crítica). E Dovifat (1959) faz três conjuntos de gêneros: informativos (notícia, reportagem, entrevista), de opinião (editorial, artigos curtos, glosa) e amenos (folhetim, crítica, recreio e espelho cultural).

Luiz Beltrão (1980), ao tratar do assunto, classifica os gêneros em jornalismo informativo, interpretativo e opinativo. José Marques de Melo (2003) também usa jornalismo informativo e opinativo. Já Manuel Carlos Chaparro (2007), em uma releitura crítica de Marques de Melo, divide o jornalismo em duas grandes áreas: comentário e relato; e em cada uma dessas áreas figuram as formas de fazer o jornalismo. Ufa! Resumidamente, o pensamento desses três últimos autores pode ser visualizado desta forma:

Quadro 1 – Gêneros no jornalismo

LUIZ BELTRÃO	JOSÉ MARQUES DE MELO	MANUEL CHAPARRO
1. Jornalismo informativo - notícia - reportagem - história de interesse humano - informação pela imagem **2. Jornalismo interpretativo** - reportagem em profundidade **3. Jornalismo opinativo** - editorial - artigo - crônica - opinião ilustrada - opinião do leitor	**1. Jornalismo informativo** - nota - notícia - reportagem - entrevista **2. Jornalismo opinativo** - editorial - comentário - artigo - resenha - coluna - crônica - caricatura - carta	**1. Comentário** 1.1Espécies argumentativas - artigo - crônica - cartas - coluna 1.2 espécie gráfico-artísticas - caricatura - charge **2. Relato** 2.1 espécies narrativas - reportagem - notícia - entrevista - coluna 2.2 espécies práticas - roteiros - indicadores - agendamentos - previsão do tempo - cartas-consulta - orientações úteis

Os gêneros elencados são encontrados em todas as formas de mídia: da impressa (jornais, revistas, semanários, etc.) à eletrônica (TV, rádio) e digital (internet). Já deu para notar, então, que não há consenso em uma definição de gênero no jornalismo. A lista é longa, não nos ajuda a compreender a diferença entre *Pânico* e *CQC* e só complica a pergunta lá do título deste capítulo: jornalismo faz gênero?

Repensando os gêneros

Lia Seixas (2009) compreende os gêneros jornalísticos como elementos que constituem os tipos mais frequentes de composições discursivas das atividades jornalísticas. Eles devem ser percebidos através de suas dimensões não apenas discursivas e de elementos linguísticos mas também de elementos extralinguísticos.

> Com as novas mídias, surgem novos formatos, se hibridizam, se embaralham os gêneros. A noção de gênero entra, mais uma vez, em cheque. Por isso mesmo passa a ser vista com mais atenção. Alguns gêneros podem acabar, outros podem aparecer. Alguns transformam, outros se mantêm. Com as novas mídias, as práticas discursivas passam a experimentar e produzir novos formatos, que podem se instituir ou não em novos gêneros. (Seixas, 2009, p. 02)

Trata-se de uma concepção que vai contra o pressuposto de que gêneros discursivos são enunciados relativamente estáveis. Os estudos do jornalismo estavam preocupados em classificar as composições jornalísticas através dos elementos internos à linguagem: os gêneros jornalísticos eram definidos segundo a finalidade da composição discursiva, permitindo que se criassem novas classificações a cada produção textual, como aquelas já vistas aqui. Assim, os gêneros são definidos segundo lógica enunciativa, força argumentativa, identidade discursiva e potencialidade do meio. Só que essa concepção apenas pela estrutura linguística não dá conta da relação entre linguagem e realidade, algo fundamental na prática jornalística, que se estabelece pela vinculação do discurso com a realidade ali enquadrada. Uma concepção de gênero mais culturalista tem, então, ganhado força por apresentar as classificações mais maleáveis, abertas às mudanças para além do discurso.

Jason Mittel (2004) propõe pensar o gênero como um processo de categorização que não se encontra no interior dos textos, mas opera através de práticas culturais que envolvem mercado, audiência, contexto histórico, crítica especializada. Examinar os mecanismos do texto não é suficiente para explicar como esses textos operam em grandes contextos culturais, por isso ele compreende os gêneros como modos-chave de classificar nossa experiência midiática e organizá-la em categorias ligadas a conceitos, valores culturais e funções sociais: uma das maneiras de formatação da realidade social em diferentes categorias e hierarquias. Resumindo, o autor apresenta uma abordagem teórica de gêneros como categoria cultural e não textual. Os gêneros seriam uma maneira de a sociedade conversar consigo mesma, resultantes de uma interação que se dá a partir de práticas culturais. Assim, Mittel busca quebrar a ideia de gênero como algo definido por uma reunião de textos e foca sua análise nas relações socioculturais que se estabelecem a partir da miríade de discursos e enunciados que o compõem.

Pensar o gênero enquanto categoria cultural implica percebê-lo como aquilo mesmo que categoriza os textos, ou seja, não se trata de tomar uma série de textos com características semelhantes e reuni-los sob uma rubrica de gênero. Os membros de qualquer categoria dada não criam, definem ou constituem a categoria em si. Eles criam vínculos entre os elementos e os aproximam segundo sua conveniência cultural. Se, por um lado, os membros de uma categoria podem todos possuir algum traço inerente que os insira aí, não há nada intrínseco acerca da categoria em si. O que define uma categoria é a relação entre os elementos agrupados e o contexto cultural no qual eles operam.

O mesmo vale para os textos da mídia. Há vários componentes diferentes, mas somente alguns são ativados dentro de propriedades genéricas definidas. Não há critério uniforme para delimitação de gênero – alguns são definidos pela forma visual (infográfico), alguns pela autoria (coluna), alguns pela afecção na audiência (humor) e alguns pela forma narrativa (câmera escondida). Essa diversidade de critérios sugere que não há nada interno aos textos que os defina dentro de uma categoria. Se o mesmo texto pode ser flexível para ser categorizado em vários gêneros, seu limite não pode ser apenas repositório de definições genéricas.

Sendo assim, gêneros não são encontrados dentro de um texto isolado. Eles emergem de relações intertextuais entre múltiplos textos, resultando numa categoria comum. Mas como fazer com que esses textos se inter-relacionem para formar um gênero? Textos não interagem por conta própria; eles o fazem apenas através de práticas culturais como a produção e a recepção. São a audiência, os profissionais da imprensa, as mudanças histórico-conceituais que fazem isso, ou seja, desenvolvem uma atividade cultural.

Segundo Mittel (2004), análises interpretativas textuais tendem a tratar os gêneros como a-históricos e estáticos, ignorando seu contexto cultural: deve-se, pelo contrário, olhar os significados que as pessoas produzem em suas interações para compreender o sentido do gênero. Mas se gêneros não são propriedades textuais, como podem ser analisados? O autor propõe analisá-los como práticas discursivas. Olhando para o gênero como propriedade e função do discurso, pode-se examinar as maneiras como várias formas de comunicação trabalham para constituir e definir significados e valores dentro de contextos históricos particulares.

Dessa maneira, as enunciações discursivas que ligam os textos dentro de uma categoria tornam-se locais privilegiados para a análise do gênero (entendido como essa formação por relação entre textos diversos). Ao considerar gênero como propriedade e função do discurso, podemos examinar os modos nos quais várias formas de comunicação funcionam para constituir definições, sentidos e valores genéricos dentro de contextos históricos particulares. Para compreender a história cultural de um gênero devemos, então, olhar como operam os discursos na cultura, sem isolá-lo de seus contextos; e mapeando o máximo possível de articulações e situando-o dentro de maiores contextos culturais e de relações de poder: explorando a variedade de fronteiras discursivas em torno de alguma instância, podemos compreender o elaborado trabalho de formação dos gêneros.

Apesar de estar em constante fluxo e negociação, o gênero pode aparecer estável, fixo e delimitado, graças à sua definição coletivamente compartilhada por determinadas interpretações e avaliações. Entretanto, essas definições são contingentes e transitórias, apresentando diferentes valores em diferentes contextos. Ao contrário de perguntar o que o gênero significa, devemos perguntar o que um gênero significa por um grupo específico em uma instância cultural particular.

Juliana Guttman (2012) entende que o gênero atua como um lugar de articulação entre diversos produtos midiáticos e práticas sociais, sendo, assim, influenciado pelo dispositivo. Ao olhar para o telejornalismo, a autora entende que o jornalismo forja valores discursivos a partir de necessárias articulações com recursos televisivos, compreendendo, então, o telejornalismo como gênero em si mesmo, apesar de aberto e em constante transformação. O telejornalismo aí aparece como gênero televisivo, e não jornalístico.

Essa centralidade do dispositivo midiático na concepção de gênero é criticada por Seixas (2009), que não entende diferença de meios como diferença de gêneros. Segundo a autora, para se falar em gênero jornalístico, o domínio do jornalismo precisa ser determinante para a generalização dos tipos discursivos. Ou seja, o gênero jornalístico deve perpassar as diferentes mídias. Afinal, se uma entrevista pode ser compreendida como tal seja no jornal impresso, seja na internet, seja no rádio ou na televisão, há algo do gênero que se situa para além do enquadramento do dispositivo.

> Se colocarmos a mídia como uma condição determinante do ato de comunicação, estaremos situando todas as propriedades da mídia com o mesmo grau de

> influência da lógica enunciativa, dos compromissos, da identidade discursiva. A formação discursiva do jornalismo de atualidade existe para todas as mídias em que atua. (Seixas, 2009, p. 334)

Quando tentamos levar os gêneros discursivos tradicionais do jornalismo impresso para a televisão, encontramos um desencaixe, devido à dificuldade de encontrar características comuns, já que o dispositivo provoca mudanças na forma de organização discursiva. Entretanto, a busca pela compreensão do gênero deveria focar não na análise da gramática televisiva, mas sim na busca de uma unidade composicional comum ao jornalismo em seus diferentes meios. Ao discutir o telejornalismo, Guttman (2012), por exemplo, entende a notícia como gênero do discurso e o telejornalismo como gênero televisivo. Mas onde está o gênero jornalístico?

Complicando ainda mais

Podemos pensar o gênero em seu viés cultural para além de uma chave de análise de processos comunicacionais? Compreender o gênero como categoria através da qual podem ser interpretadas as relações entre comunicação, cultura, política e sociedade (corrente que passa por Martin-Barbero (2008), Janotti Jr. (2006) e Gomes (2002)) é importante para perceber as estratégias comunicacionais em determinada relação comunicacional, mas em que nos auxilia na compreensão do gênero jornalístico? Pensando o gênero como forma discursiva que se repete e se institucionaliza com o passar do tempo e também como uma espécie de mediação cultural em constante movimento, chegamos a um dilema: se o gênero sempre se transforma, como se institucionaliza? É ainda possível pensar em gênero?

No início do texto, dissemos que o gênero abarca diversos formatos, mas e se for o contrário? Voltemos ao *Pânico* e *CQC*. A princípio, podemos pensar que, dentro de um gênero jornalístico mais amplo (a entrevista), possuímos dois formatos próximos mas distintos de estruturação do discurso informacional. Um formato baseado na câmera escondida e supressão da consciência de interação por uma das partes (Genoíno não sabia que estava sendo filmado), e outro formato de plena consciência exibicionista com intuito de provocar o choque (Gerald Thomas sabia que estava sendo filmado e quis fazer "graça"/"humor"). Mas pensando pelas formas de autodenominação dos dois programas, temos aí uma inversão: haveria um formato comum entre o *Pânico* e o *CQC*, dado por uma linguagem audiovisual de estrutura quase idêntica (repórteres comediantes, inserções visuais irônicas, trilha sonora, legendas "engraçadinhas") e dentro desse formato, dois gêneros discursivos distintos, o jornalismo (busca pela informação, entrevista como investigação) e o humor (foco na reação do espectador e entrevista sem função informativa).

Um mesmo gênero e dois formatos, ou um mesmo formato e dois gêneros? Partindo do viés culturalista, o gênero entrevista está aberto a transformações, e não apenas o dispositivo televisivo, mas também as transformações sociais e relações temporais que levam ao domínio do entretenimento na televisão justificariam que, mesmo sendo feita por uma criança, ainda se trata de uma entrevista. Mas o fato de o entrevistador não ser um enunciador da instituição jornalística não modifica a entrevista enquanto gênero? Não seria apenas um gênero discursivo, mas não necessariamente um gênero jornalístico?

São muitas questões, e a relação com o formato pode ajudar. Se o gênero define formatos, ele é fixo, estável, com poder de enquadrar. Se o gênero é maleável, ele é capaz de se adaptar ao formato pretendido. Por uma concepção mais focada no discurso interno do texto, o gênero possui determinadas características que, por repetição, se solidificaram e funcionam como uma espécie de norma. Já olhando para além do texto e focando na mediação cultural, o gênero é aberto, sem características imutáveis, transformando-se enquanto revela estratégias de produção midiática e convenções sociais. No primeiro caso, a prática jornalística levou à formação de determinadas formações discursivas com características que passaram a definir seu próprio fazer técnico (determinadas ocorrências geram determinados gêneros discursivos jornalísticos). No segundo, as mudanças culturais transformam essas estruturas discursivas, levando a uma mudança no próprio jornalismo (uma mesma ocorrência pode gerar gêneros diferentes, como infográficos, editoriais, reportagens). São duas formas de tensionar o discurso que vão definir se *CQC* ou *Pânico* fazem jornalismo. Ou se nenhum dos dois faz. Ou até o que significa o jornalismo nos dias de hoje (em uma concepção do gênero enquanto chave de análise).

Ao final, não apenas falhamos em responder a questão que dá título a este capítulo como ainda inserimos mais uma: jornalismo faz gênero ou é feito por ele?

Síntese da questão

A resposta à questão que dá título ao capítulo é mais complicada do que parece. Como compreender o gênero jornalístico? Devemos ver os gêneros como fixos ou em constante transformação? A discussão envolvendo o formato pode ajudar a entender as dificuldades que se apresentam quando tentamos "encaixar" um gênero jornalístico que funciona bem no impresso, mas pode apresentar problemas em outros meios.

Para saber mais sobre o jornalismo

Acontecimento. A informação jornalística lida com os "os acontecimentos do dia", aquilo do que se fala. Mas há toda uma problemática no campo de jornalismo acerca da compreensão de acontecimento, acontecimento jornalístico, fato e o chamado "processo evenemencial". As reflexões de Louis Queré (2005 e 2012), Vera França (2012), Jocelyne Arquembourg (2003), Maurice Mouillaud (1997) e Patrick Charaudeau (2007) são fundamentais para esse debate.

Contrato de leitura. Diferentes estudos sobre o jornalismo têm trabalhado a partir da ideia de um acordo tácito (não dito), que asseguraria a credibilidade dos meios frente a seus públicos. Por essa perspectiva, é possível entender a emoção como um relevante elemento para a regulação dessas relações. Alguns desses contratos permitiriam uma manifestação mais explícita de afetividade enquanto outros prescreveriam um suposto afastamento emocional em relação aos fatos. Da mesma forma, tais acordos "silenciosos" regulariam as expectativas do público para experimentar distintas emoções em função das diferentes modalidades jornalísticas e posicionamentos editoriais (a *indignação*, por exemplo, estaria mais presente na cobertura política do que no jornalismo de celebridades, enquanto o *medo* ou o *horror* seriam mais característicos dos relatos policiais).

Convergência. Termo muito em voga no início do séc. XXI, especialmente na obra de Henry Jenkins (2008), como *Cultura da convergência*, que insiste na ideia de que a convergência midiática é uma questão da cultura, menos que da técnica. No caso do jornalismo, aponta-se para uma convergência entre entretenimento e informação, fazendo com que as categorias caminhem em um único sentido no momento atual. O tema da Transmedia Storytelling, que deriva da convergência midiática, é bem explorado em *Narrative Across Media – The Languages of Storytelling*, editado por Marie-Laure Ryan (2004).

Cotidiano. Refere-se ao conjunto teórico e empírico de problemas que podem ser abertos pelos estudos pautados por uma espécie de sociologia do cotidiano, que tem Michel de Certeau (1994) como um dos protagonistas. O estudo da obra *A invenção do cotidiano* abre várias possibilidades interpretativas da relação entre jornalismo, experiência e vida social.

Digitalização dos gêneros. Se os gêneros estão convergindo e se hibridizando, a internet é campo fértil para muitos estudos. O fato de qualquer usuário ser também produtor de conteúdo e as facilidades de produção e edição devem ser observados com atenção. O limiar entre entretenimento e jornalismo, assim como informação e opinião, parece ser cada vez mais estreito.

Discurso. A noção de discurso é uma das dimensões em que se pode pensar as conexões entre as diferentes escritas. A visada discursiva provoca esse gesto na medida em que toma o texto na relação com um contexto. Charaudeau (2007, 2010) trata especificamente do discurso jornalístico e pode ser explorado para tratar desse tópico.

Dispositivo. Termo cunhado no âmbito dos estudos em comunicação para superar a dicotomia suporte/conteúdo e ao mesmo tempo agregar as dimensões tecnológicas, interacionais e semióticas das mídias. Nesse sentido, é parte de um esforço de superar visões "midiacêntricas", excessivamente centradas nas configurações das mídias, observando sua inserção e conformação pelas relações humanas. A discussão acerca dos dispositivos midiáticos tem pelo menos duas origens: o dispositivo foucaultiano e o dispositivo como elemento da enunciação. Nessa última linha, autores como Maurice Mouillaud (1997), Patrick Charaudeau (2007) e Daniel Peraya (1998) investem na concepção de dispositivo, voltado ou não para o entendimento de produtos midiáticos. Consideramos essa noção importante, porque ela diz respeito a algo mais que um suporte para a veiculação de acontecimentos, filmes ou músicas. Conforme Vaz e Antunes (2006), o dispositivo comunicativo articula (1) uma forma específica de manifestação material dos discursos, de formatação dos textos; (2) um processo de produção de significação, de estruturação de sentido; (3) uma maneira de modelar e ordenar os processos de interação; e (4) um procedimento de transmissão e difusão de materiais significantes (Antunes; Vaz, 2006, p. 47).

Ecossistema midiático. A noção de ecossistema midiático, ou ecologia midiática, surge dos trabalhos de Marshall McLuhan nos anos 1960, mas toma a forma de uma disciplina e de uma associação internacional de pesquisa no começo dos anos 2000, principalmente devido à atuação de Neil Postman. Um trabalho significativo na área é *A Media Ecology Review*, edição especial de *Communication Research Trends*, vol. 23 (2004), editado por Biernatzki, W.

Enquadramento. Em um sentido mais restrito ao campo jornalístico, tem a ver com o modo como os jornais inserem um assunto na pauta. Chama atenção, portanto, não apenas para o tema colocado em tela, mas para as perspectivas que são privilegiadas no seu tratamento. O intuito é provocar reflexões sobre a "moldura", o enquadramento, que as instituições jornalísticas adotam ao abordar determinados fenômenos do mundo. Deriva da noção conceitual de *framing* desenvolvida pelo sociólogo Erving Goffman.

Enunciação. É um conceito que permite pensar o discurso jornalístico como um conjunto de enunciados e uma forma específica de dizer. Mostra como a produção de sentido não é autônoma do contexto e das condições de produção, o que faz de aspectos como o tempo não um elemento agregado ao discurso no seu nível mais superficial, mas uma potência estruturadora. O livro *Análise de textos de comunicação*, de Dominique Maingueneau (2002) oferece uma introdução didática para esses estudos.

Esfera pública. Estudos no campo da Comunicação que partem deste conceito se assentam fortemente sobre as contribuições de Jürgen Habermas. Muitas dessas pesquisas procuram compreender como ocorrem processos de deliberação na sociedade contemporânea e comumente chamam atenção para o papel desempenhado pelos meios de comunicação de massa na constituição desse lugar público de debate.

Espaço público. A relação entre jornalismo e espaço público é objeto de uma série de estudos que ajudam a problematizar, de modo mais sofisticado, a relação entre notícia e vida social. A leitura da vasta obra do filósofo e cientista social Jürgen Habermas torna-se um gesto essencial para o aprofundamento do assunto. Estudos mais recentes, pautados por uma visão acontecimental, têm se mostrado bastante relevantes, como os estudos sobre espaço público de Louis Queré. A conhecida obra *A condição humana*, de Hannah Arendt (2007), torna-se também referência obrigatória para a compreensão da pluralidade. Estudos como os de Chantal Mouffee e Ernesto Laclau (1985) voltam especial atenção para a investigação entre espaço público, práticas discursivas e agonística.

Estratégias e efeitos discursivos. Embora o jornalismo não se assuma como atividade de natureza argumentativa, com o objetivo de defender teses e fazer o público aderir a determinadas crenças, não se pode negar que todo texto informativo espera produzir efeitos junto ao seu leitor. Para produzir esses efeitos (de credibilidade, autenticidade, dramatização, humor, etc.), lança-se mão de estratégias discursivas. Saber mais sobre tais estratégias e efeitos de sentido é um bom caminho para compreender a presença das emoções na notícia. A escolha de palavras e construções de duplo sentido, por exemplo, pode gerar efeitos humorísticos e *fazer rir*, assim como o uso das imagens do álbum fotográfico de uma jovem assassinada pode levar à *compaixão* e à *tristeza*.

Ética. Costume, caráter e comportamento são alguns dos significados possíveis para essa palavra. Com origem no termo grego *ethos*, ética pode ser entendida como o estudo dos valores morais e princípios ideais que norteariam o comportamento do homem em sociedade. No campo do trabalho, a ética é o conjunto de normas que orientam o comportamento do profissional.

Experiência. O conceito de experiência torna-se referência nuclear para vários estudos que problematizam a relação entre notícia e sujeitos. A obra do pragmatista norte-americano Jonh Dewey (1980) é referência primordial. Estudos recentes como os de Louis Queré recuperam o caminho proposto por Dewey e, numa visada fenomenológica, exploram em profundidade a relação entre acontecimento e experiência. Estudos sobre experiência estética, como os compilados por Guimarães, Leal e Mendonça (2006) mostram-se como caminhos relevantes para o estudo das notícias enquanto formas expressivas.

Gatekeeper. No campo de estudos do jornalismo é uma proposta que se tornou bastante conhecida. Em linhas gerais prevê que, para serem veiculados nos jornais, os acontecimentos passam por um série de filtros ou *gates* (portões, em inglês), nos quais há profissionais investidos do poder de permitir ou barrar a sua entrada no noticiário.

Hibridização. Apesar de ser um termo mais comum na biologia, diz-se que os gêneros jornalísticos estão cada vez mais híbridos, se é que algum dia foram "puros". Informação e opinião tem se misturado e, nessa linguagem final, temos um quê de entretenimento, como se pode observar nas capas dos jornais populares. Os gêneros híbridos são encontrados com grande destaque também no ambiente da internet, especialmente em portais, rede sociais, entre outras páginas similares.

História do presente. Muitas vezes o jornalismo é comparado ao trabalho historiográfico e compreendido como uma modalidade de história do tempo presente, às vezes também chamada história imediata. A aproximação e diferenciação com o discurso da história, seus métodos e sua epistemologia é útil à compreensão do jornalismo. Uma leitura inicial pode partir do trabalho de Lacouture (1990), *A história imediata*, e do professor Motta (2004), com "Narrativa jornalística e conhecimento imediato de mundo: construção cognitiva da história do presente".

Ideologia. De forma simplificada, seria um conjunto de ideias, valores ou crenças que orientam a percepção e o comportamento dos indivíduos. Nas ciências sociais o termo suscita várias interpretações. Para Karl Marx, seriam as teorias que levariam a uma "falsa consciência" e permitiria às classes dominantes (ricos) manter o controle sobre os mais pobres. No campo da comunicação, o interessante é tratar o termo como componente do discurso e observar como se insere nas relações de poder.

Interesse público. Um universo de discussões interessantes para se problematizar as várias escritas jornalísticas é dado pela noção de interesse público. Sabemos o quanto muito das produções da imprensa de referência podem ser questionado sobre sua vocação para o interesse público. Por outro lado, mesmo que gestadas em lugares interessados, muitas produções próprias colocam em cena questões caras ao debate público. Para isso, sugerimos ver a reflexão proposta por Wilson Gomes (2009).

Jornalismo de referência x jornalismo popular. Entende-se por jornal de referência aqueles que se vendem como donos de credibilidade e seriedade no trato da informação. É o caso de publicações como *Folha de S.Paulo, Estado de Minas, Veja, Jornal Nacional*, entre outros. O jornal popular já se pauta por um apelo mais claro aos seus públicos, tais como o *Meia Hora, Super Notícia, Aqui!*, entre outros. Observar como se "classificam" os modos de produção de jornalismo para observar convergências e dissonâncias entre modos distintos de jornalismo é uma reflexão interessante.

Mercado editorial. Um dos grandes desafios e preocupações do mercado editorial, de qualquer campo da mídia, é manter sua relação com os públicos visados. Por isso, a programação ou os conteúdos passam por reformulações de tempos em tempos, de maneira a tentar adequar o imaginado ao empírico. A proposta de contrato de leitura, de Eliseo Verón (2004), inclui dois momentos: o de elaboração do pacto entre mídia e públicos, com base na audiência implícita nos textos compartilhados pelos veículos de comunicação; e o de verificação desse pacto, com realização de entrevistas ou grupos focais para mensurar como vai a aceitação do produto midiático. Dessa maneira, o mercado editorial verifica as condições de recepção e identifica nichos onde pode criar produtos para públicos ainda não contemplados.

Mídia informativa. Termo utilizado para designar o programa jornalístico, o jornal, a revista, o portal informativo, etc. Trata-se de um termo genérico, que busca assinalar aquilo que se apresenta como dispositivo de acesso à informação e que constitui relações peculiares e específicas. Ainda que menos contaminado que "veículo jornalístico", o termo sofre com a diversidade de entendimentos acerca da expressão "mídia" e com sua pouca difusão em português. Nesse sentido, ver também *dispositivo*.

Narrativa transmídia. Refere-se à forma narrativa da convergência midiática, na qual profissionais de comunicação e colaboradores expandem a narrativa para ambientes midiáticos variados, porém integrados digitalmente. Sobre o assunto ver, por exemplo, Scolari (2013).

Newsmaking. As notícias são construídas através de uma rotina (da qual os jornalistas se valem para fazer frente aos acontecimentos imprevistos), de padrões e esquemas, e são produtos de um processo organizado. Esse processo de produção das notícias, o chamado *newsmaking*, articula-se dentro da cultura profissional dos jornalistas e da organização do trabalho e dos procedimentos de produção. De um lado, temos um emaranhado de códigos, estereótipos, símbolos, padronizações latentes, representações de papeis, rituais e convenções relativos às funções da mídia e dos jornalistas na sociedade, à concepção do produto notícia e às modalidades que controlam a sua concepção (Wolf, 2003); ou seja, a chamada "ideologia jornalística", os valores e as práticas profissionais adotadas como naturais. Por outro lado, temos as restrições impostas pelas rotinas e pela organização do trabalho e do processo produtivo, como as impostas pela política editorial, tempo, espaço, relações com as fontes, etc.

Noticiabilidade. Está intimamente ligada ao que se chama de valores-notícia. Apesar de termos sinalizado alguns aspectos problemáticos desta noção neste trabalho, é uma discussão muito importante nos estudos do jornalismo e merece uma abordagem mais cuidadosa do que a realizada costumeiramente, em que esses valores são tomados como guias que irão orientar os jornalistas na separação dos acontecimentos que são noticiáveis dos demais.

Objetividade. Termo que designa a construção das notícias elegendo a narração dos fatos, sem subjetividade, opinião ou parcialidade. Em estudo clássico, Gaye Tuchman (1978) define objetividade jornalística como procedimentos de rotina (aspas, precedentes legais, dados técnicos e outros) que protegem o profissional dos erros e dos seus críticos. Há autores que argumentam que não existe objetividade pura e simples, sem subjetividade, ideologia ou a opinião de quem narra os fatos.

Paradigma linear. Modo de compreensão da comunicação como transmissão de informação. Em oposição a ele, se desenvolveu o paradigma relacional, que entende a comunicação como um processo de interação entre sujeitos. Sobre a constituição e implicações desses paradigmas, sugerimos, entre outros, Hohlfeldt; Martino; França, (2001); Braga; Cohn (1978); Miège (2000).

Polifonia. Costuma-se atribuir ao jornalismo a condição de um texto em que se fazem presentes várias vozes: aquele que assina o material, as diferentes fontes que falam nas matérias, articulistas, leitores etc. A indicação é em geral uma apropriação de conceitos desenvolvidos por Mikhail Bakhtin (1981) para analisar obras literárias.

Publicidade. O contato entre mídias noticiosas e públicos é perpassado pela publicidade. O que se leva em consideração, em grande medida, é a audiência empírica, uma vez que as empresas objetivam as vendas e investem em divulgação nos veículos mais acessados. Atualmente os anúncios publicitários se destinam a um público cada vez mais segmentado, caracterizado por suas particularidades, anseios e padrões morais e estéticos. Sua inserção nos jornais impressos, por exemplo, mudou significativamente a partir da Segunda Guerra Mundial. Até então ocupavam majoritariamente a seção de classificados e se apresentavam sem ilustrações e com pouca ou nenhuma cor para complementá-los. Na contemporaneidade a importância dos anúncios é tão grande quanto a do material jornalístico.

Rede noticiosa. O conceito de rede noticiosa parte da ideia da produção das notícias como um processo interativo em que vários agentes sociais possuem papel ativo, e em que há um esforço de negociação constante. A forma dessa rede noticiosa e o modo como os jornalistas nela estão posicionados influenciam a forma como a empresa jornalística lida com a noticiabilidade, pois a extensão da rede implica a concentração em um número relativamente pequeno de agentes. As fontes que constituem essa rede devem atender as exigências do modelo e das rotinas de produção do jornalismo.

Regimes de visibilidade. É importante salientar que apesar de ser amplamente utilizada no singular e por oposição ao que ficaria restrita à esfera do secreto e privado, a noção de visibilidade deve ser encarada de modo matizado, nesse aspecto, discussões acerca dos "regimes de visibilidade" oferecem uma visada bastante pertinente do tema. Esses regimes dizem não apenas dos elementos que ganham destaque, tornam-se visíveis, mas também daqueles que são silenciados e permanecem num âmbito de invisibilidade.

Relações de poder. Na Idade Média, as relações de poder emanavam de autoridades religiosas, fora do alcance do homem. Gradativamente, a concepção de poder mudou para as mãos dos reis e depois para os representantes do povo no Estado Moderno. Para Max Weber, existem relações de poder em qualquer relação de interesses entre dois ou mais sujeitos. Na comunicação, o interessante é notar, por exemplo, as relações de poder existente entre os donos de veículos com governos e grupos empresariais. Vale à pena explorar a concepção de Michel Foucault sobre as relações de poder e como isso pode explicar as noções de dispositivo.

Retórica das paixões. A importância das emoções como um elemento constituinte das interações mediadas pela linguagem é reconhecido desde a Grécia Antiga. Não por acaso, Aristóteles dedicou todo um livro de sua *Retórica* ao papel das paixões no processo argumentativo. O *pathos* – ou a inserção da audiência em determinado estado psicológico – foi apontado pelo filósofo como uma das três provas retóricas, ao lado do *ethos* – relacionado ao caráter e à credibilidade do orador – e do *logos* – relacionado às operações lógicas demonstradas no próprio discurso.

Revolução das fontes. Após um longo período sendo consideradas secundárias para a constituição da voz jornalística ou tendo seu papel negligenciado pela cultura tradicional da área, as fontes se organizam e se profissionalizam, reivindicando direito e poder de "dizer". Além disso, desenvolvendo estratégias para divulgação de seu discurso pelo jornalismo. Representativo desse movimento é o grande desenvolvimento de assessorias ou áreas de comunicação em empresas públicas e privadas, entidades e movimentos sociais, que oferecem materiais de divulgação voltados aos seus interesses e formatados segundo as necessidades e expectativas dos órgãos de imprensa. Além de desenvolver ações para penetração na esfera midiática por meio do jornalismo, destaca-se o esforço por se dirigir e afetar diretamente o público. O fenômeno da "mídia das fontes", quando estas criam e mantêm seus próprios canais e veículos, muda a fisionomia e a lógica do jornalismo, e estimula novas reflexões sobre o campo.

Semiose. Na perspectiva da semiótica peirceana, o modelo da semiose – ou ação contínua de transformação aprimorada de um signo em outro – pode ser tomado como um modelo de comunicação, no qual o signo cumpriria o lugar lógico do meio, o objeto o lugar lógico da emissão e o interpretante o lugar lógico da recepção. O modelo da semiose me parece útil para pensar a dinâmica intermidiática contemporânea, na medida em que aponta para reconfigurações sígnicas com base na dinâmica das operações semióticas de determinação (relacionada à lógica comunicacional de transmissão) e de representação (relacionada à lógica comunicacional de compartilhamento). Um livro bastante didático sobre o tema é *Comunicação e Semiótica*, escrito por Lúcia Santaella e Winfried Nöth (2004).

Showrnalismo. A expressão é título do livro de José Arbex Junior (2001). Ao se valer cada vez mais da linguagem do entretenimento para se posicionar perante seus receptores, jornalismo e "show" estariam cada vez mais híbridos. Linguagem apelativa, humor negro e uma pitada de comicidade em alguns casos são facilmente encontrados tanto em impressos como em programas de jornalismo televisionados.

Temporalidade. A problemática do tempo é objeto de uma reflexão continuada e sistemática em áreas do conhecimento de larga tradição, principalmente a filosofia e a história, e que também contemporaneamente são fruto de um esforço intelectual interdisciplinar. A obra de Paul Ricoeur, em particular *Tempo e narrativa* (2010) e *As culturas e o tempo: estudos reunidos pela Unesco* (1975), e o livro de Benedito Nunes, *O tempo na narrativa* (1988), são seminais para começar esse percurso.

Valores morais. O debate sobre as emoções guarda íntima relação com o estudo da moralidade. Se observarmos alguns sentimentos recorrentes na leitura das notícias, esse vínculo se torna evidente. Reportagens sobre corrupção política podem levar o leitor à indignação, assim como notícias sobre agressões sexuais sofridas por crianças costumam sugerir a compaixão em relação às vítimas e o horror, ódio e até desejo de vingança para com os agressores. São exemplos de relatos nos quais são expostas atitudes consideradas imorais e injustas de acordo com valores morais amplamente difundidos em nossa sociedade.

Referências

ABRAMO, Cláudio. *A regra do jogo: o jornalismo e a ética do marceneiro.* São Paulo: Companhia das Letras, 1988.

ABREU, Antônio Soárez. *A arte de argumentar: gerenciando razão e emoção.* Cotia, SP: Ateliê Editorial, 2005.

ABRIL, Gonzalo. *Analisis critico de textos visuales.* Madrid: Sintesis, 2007

ADAMS, Douglas. O Guia do Mochileiro das Galáxias. Rio de Janeiro: Sextante, 2004.

AGAMBEN, Giorgio. O que é um dispositivo? *Outra travessia*, Florianópolis, n. 5, p. 9-16, 2005.

ALBUQUERQUE, Afonso de. A obrigatoriedade do diploma e a identidade jornalística no Brasil: um olhar pelas margens. *Contracampo*, Niterói, v. 14, p. 71-91, 2006.

ALSINA, Miquel. *A construção da notícia.* Petrópolis: Vozes, 2009.

AMARAL, Márcia Franz. *Jornalismo popular.* São Paulo: Contexto, 2006.

ANTUNES, E.; VAZ, P. Mídia: um halo, um aro, um elo. In: FRANÇA, Vera; GUIMARÃES, C. (Org.). *Narrativas do cotidiano.* Belo Horizonte: Autêntica, 2006. p. 43-60.

ANTUNES, E. Temporalidade e produção do acontecimento jornalístico. *Em Questão*, v. 13, p. 25-40, 2007.

ANTUNES, Elton. *Videntes imprevidentes: temporalidade e modos de construção do sentido de atualidade em jornais impressos diários.* 2007. 321 f.

Tese (Doutorado em Comunicação Social) – Programa de Pós-Graduação em Comunicação e Cultura Contemporânea, Faculdade de Comunicação, Universidade Federal da Bahia, Salvador, 2007.

ANTUNES, E. A temporalidade como chave de leitura para o discurso jornalístico. In: FAUSTO NETO, A.; SAMPAIO, A. de O.; FERREIRA, G. M. (Org.). *Mídia, Discurso e Sentido.* 1. ed. Salvador: Editora da UFBA (EDUFBA), 2011. p. 88-108.

ARBEX JÚNIOR, José. *Showrnalismo: a notícia como espetáculo.* São Paulo: Casa Amarela, 2001

ARENDT, Hannah. *A condição humana.* Tradução de Roberto Raposo. Rio de Janeiro: Forense universitária, 2007.

ARISTÓTELES. *Retórica.* São Paulo: Rideel, 2007.

ARQUEMBOURG, J. *L'événement et les médias. Les récits médiatiques des tsunamis et le débat publics.* Paris: Archives Contemporaines, 2011.

ARQUEMBOURG, J. O mito de Pandora revisitado. In: DAYAN, D. *O terror do espetáculo: terrorismo e televisão.* Lisboa: Edições 70, 2009. p. 109-118.

ARQUEMBOURG, Jocelyne. *Le temps de événements médiatiques.* Bruxelles: De Boeck, 2003.

ARQUEMBOURG, Jocelyne. L'événement en direct et en continu. L'exemple de la guerre du Golfe. *Réseaux*, Paris, n. 76, p. 31-45, abr. 1996.

ARONCHI, José Carlos. *Gêneros e formatos na televisão brasileira.* São Paulo: Summus Editorial, 2004.

ATTON, Cris. Alternative and Citizen Journalism. In: WAHL-JORGENSEN Karin; HANITZSCH, Thomas. *The handbook of journalism studies.* New York: Taylor & Francis, 2009. p. 265-278.

BABO-LANÇA, Isabel. Configuração mediática dos acontecimentos do ano. *Caleidoscópio*, n. 10, p. 73-84, 2011.

BAKHTIN, M. Os gêneros do discurso (1953). In: BAKHTIN, M. *Estética da criação verbal.* São Paulo: Martins Fontes, 1994. P. 327-358.

BARBEIRO, Heródoto; LIMA, Paulo. *Manual de telejornalismo.* Rio de Janeiro: Campus, 1998.

BARTHES, Roland. *A câmara clara: nota sobre a fotografia.* Rio de Janeiro: Nova Fronteira, 1984.

BARTHES, Roland. *O óbvio e o obtuso.* Rio de Janeiro: Nova Fronteira, 1990.

BELTRÃO, Luiz. *Jornalismo opinativo.* Porto Alegre: Sulina, 1980.

BENETTI, Marcia; FONSECA, Virgina Pradelina da Silveira (Orgs.). *Jornalismo e acontecimento: mapeamentos críticos.* Florianópolis: Insular, 2010.

BENJAMIN, Walter. *Magia e técnica, arte e política. Ensaios sobre literatura e história da cultura. Obras escolhidas.* São Paulo: Brasiliense, 1987. v. 1.

BENSA, A; FASSIN, E. Les sciences sociales face à l'événement. *Terrain*, n. 38, p. 5-20, 2002.

BERGER, Christa; HENN, Ronaldo; MAROCCO, Beatriz. *Jornalismo e acontecimento: diante da morte.* Florianópolis: Insular, 2012.

BERGER, Christa; TAVARES, Frederico. Tipologias do acontecimento jornalístico. In: BENETTI, M; FONSECA, V. P. S. *Jornalismo e acontecimento: mapeamentos críticos.* Florianópolis: Insular, 2010. p. 121-142.

BIERMATZKI, W. (Ed.) A Media Ecology Review. Edição especial de *Communication Research Trends*, n. 2, v. 23, 2004.

BOND, Fraser. *Introdução ao jornalismo.* Rio de Janeiro: Agir, 1959.

BONFIM, Willian Silva. *O papel das fontes na construção da notícia: o agendamento do tema trabalho infantil doméstico no jornalismo impresso brasileiro, no ano de 2003.* 2005. 176 f. Dissertação (Mestrado em Comunicação) – Universidade de Brasília, Brasília, 2005.

BORRAT, H.; FONTCUBERTA, M. *Periódicos: sistemas complejos, narradores em interación.* Buenos Aires: La Crujía, 2006.

BOUGNOUX, Daniel. *Introdução às ciências da comunicação.* Bauru, SP: Edusc, 1999.

BRAGA, J. L. Midiatização como processo interacional de referência. In: MÉDOLA, A. S.; ARAÚJO, D. C.; BRUNO, F. (Org.). *Imagem, visibilidade e cultura midiática.* Porto Alegre: Sulina, 2007. p. 141-167.

BRAGA, José Luiz. *A sociedade enfrenta sua mídia.* São Paulo: Paulus, 2006.

BRAGA, José Luiz. Constituição do Campo da Comunicação. *Verso e Reverso*, n. 25, v. 58, p. 62-77, jan./abr. 2011.

BUCCI, Eugênio. *Sobre ética e imprensa.* 2. ed. São Paulo: Companhia das Letras, 2004.

CARVALHO, Carlos Alberto; BRUCK, Mozahir Salomão. *Jornalismo: cenários e encenações.* São Paulo: Intermeios, 2012.

CARVALHO, Carlos Alberto. A tríplice mimese de Paul Ricouer como fundamento para o processo de mediação jornalística. In: ENCONTRO DA COMPÓS, 19., 2010, Rio de Janeiro. *Anais...* Rio de Janeiro: Compós/PUC Rio, 2010. v. 1, p. 1-13.

CARVALHO, Carlos Alberto. O enquadramento como conceito desafiador à compreensão do jornalismo. In: CONGRESSO DE CIÊNCIAS DA COMUNICAÇÃO NA REGIÃO SUDESTE, 14., 2009, Rio de Janeiro, Intercom Sudeste. *Anais*... Rio de Janeiro: UFRL – Intercom, 2009. v. 1. p. 1-13.

CARVALHO, Carlos Alberto; LAGE, Leandro. As relações entre jornalismo e temporalidade para além da urgência implicada na factualidade. In: CONGRESO LATINOAMERICANO DE INVESTIGADORES EN COMUNICACIÓN – ALAIC, 2012, Montevidéu. *Anais*... Disponível em: <http://alaic2012.comunicacion.edu.uy/sites/default/files/as_relacoes_entre_o_jornalismo_e_temporalidade_carlos_carvalho_e_leandro_lage_0.pdf>. Acesso em: 18 jul. 2012.

CERTEAU, Michel de. *A invenção do cotidiano*. Petrópolis: Vozes, 1994.

CHAPARRO, Manuel Carlos. *A revolução das fontes*. Conjunto de artigos publicados no blog "O Xis da questão" de 16/07 a 11/09/2007. Disponível em: <http://www.oxisdaquestao.com.br>. Acesso em: 6 set. 2012.

CHAPARRO, Manuel Carlos. Jornalismo na fonte. In: DINES, Alberto; MALIN, Mauro (Orgs.). *Jornalismo Brasileiro: no caminho das transformações*. Brasília: Banco do Brasil, 1996.

CHAPARRO, Manuel Carlos. *Linguagem dos conflitos*. Minerva Coimbra: Coimbra, 2001.

CHAPARRO, Manuel Carlos. *Pragmática do jornalismo: buscas práticas para uma teoria da ação jornalística*. 3. ed. São Paulo: Summus, 2007.

CHAPARRO, Manuel Carlos. *Quarta revolução, a das fontes*. Artigo publicado no portal Comunique-se em 16/01/2004. Disponível em: <http://www.eca.usp.br/pjbr/arquivos/comentarios_mural8.htm>. Acesso em: 6 set. 2012._

CHARAUDEAU, Patrick. A patemização na televisão como estratégia de autenticidade. In: MACHADO, Ida; MENDES, Emília. *As emoções no discurso*. Campinas, SP: Mercado das Letras, 2010. v. 2.

CHARAUDEAU, Patrick. *Discurso das mídias*. São Paulo: Contexto, 2007.

COHN, Gabriel. (Org). *Comunicação e indústria cultural*. São Paulo: Nacional, 1978.

CORNU, Daniel. *Jornalismo e verdade*: para uma ética da informação. Lisboa: Instituto Piaget, 1994.

CRARY, Jonathan. *Techniques of the Observer*: On Vision and Modernity in the Nineteenth Century. Cambridge: MIT Press, 1990.

DEBRAY, Regis. *Curso de midialogia geral*. Petrópolis: Vozes, 1993.

DEWEY, John. *Tendo uma experiência.* In: Coleção Os Pensadores. São Paulo: Abril Cultural, 1980.

DOVIFAT, Emil. *Periodismo.* México: UTEHA, 1959.

ECO, Umberto. *Lector in fabula.* 2. ed. São Paulo: Perspectiva, 2002.

EGGS, Ekkerhard. Logos, ethos, pathos l'atualité de la rhétorique de passions chez Aristote. In: PLANTIN, Christian; DOURY, Marianne; TRAVERSO, Véronique. *Les émotions dans les interactions.* Lyon: Presses universitaires de Lyon, 2000. p. 15-31.

ELIAS, Norbert. *Sobre o tempo.* Rio de Janeiro: Jorge Zahar, 1984.

EMEDIATO, Wander. As emoções na notícia. In: MACHADO, Ida Lucia; MENEZES William; MENDES, Emília. (Org.). *As emoções no discurso.* Rio de Janeiro: Lucerna, 2007. p. 290-311. v. 1.

ERCKERT, G. Anticiper l'événement futur. Les journalistes français et les Jeux Olympiques de Pékin. *Communication,* v. 29, n. 1, 2011.

FARRÉ, Marcela. *El noticiero como mundo posible.* Buenos Aires: La Crujía, 2004.

FAUSTO NETO, Antônio. Jornalismo: sensibilidade e complexidade. *Revista Galáxia,* São Paulo, n. 18, p. 17-30, dez. 2009. Disponível em: <http://revistas.pucsp.br/index.php/galaxia/issue/view/208>. Acesso em: 29 nov. 2010.

FENAJ, Federação Nacional dos Jornalistas. *Código de Ética dos Jornalistas 2007.* Disponível em: <http://www.fenaj.org.br>. Acesso em: 20 ago. 2013.

FENAJ, Federação Nacional dos Jornalistas. *Manual de assessoria de comunicação: imprensa 2007.* Disponível em: <http://www.fenaj.org.br/mobicom/manual_de_assessoria_de_imprensa.pdf. Acesso em 30 set. 2012>.

FRANÇA, Vera R. V. O acontecimento para além do acontecimento: uma ferramenta heurística. In: FRANÇA, Vera R. V.; OLIVEIRA, Luciana de (Orgs.). *Acontecimento: reverberações.* Belo Horizonte: Autêntica, 2012. p. 39-51.

FRANCA, V. R. V. Sujeito da comunicação, sujeitos em comunicação. In: GUIMARÃES, C.; FRANCA, V. (Org.). *Na midia, na rua: narrativas do cotidiano.* 1ed.Belo Horizonte: Autêntica, 2006, v. 1, p. 61-88.

FRANSCISCATO, Carlos E. *A fabricação do presente.* Aracaju: Editora UFS, 2005.

FREUND, Gisele. *La fotografia como documento social.* Barcelona: Gustavo Gili, 2002.

GENRO FILHO, Adelmo. *O segredo da pirâmide: para uma teoria marxista do jornalismo.* Porto Alegre: Tchê!, 1987.

GOFFMAN, Erving. *Frame Analysis: los marcos de la experiencia.* Madri: Siglo XXI, 2006.

GOMES, Itania M. M. (Org.). *Análise de Telejornalismo: desafios teórico--metodológicos.* Salvador: EDUFBA, 2012.

GOMES, Itania M. M. (Org.). *Gêneros Televisivos e Modos de Endereçamento no Telejornalismo.* Salvador: Edufba, 2011.

GOMES, Itania M. M. (Org.). *Televisão e Realidade.* Salvador: Edufba, 2009.

GOMES, Itania. A noção de gênero televisivo como estratégia de interação: o diálogo entre os cultural studies e os estudos da linguagem. *Revista Fronteira,* São Leopoldo, v. 4, n. 2, p. 11-28, 2002.

GOMES, Wilson. *Jornalismo, fatos e interesses: Ensaios de teoria do jornalismo.* Florianópolis: Editora Insular, 2009. p. 67-87.

GREIMAS, Algirdas J.; FONTANILLE, Jacques. *Sémiotique des passions: des états de choses aux états d'âme.* Paris: Éditions du seuil, 1991.

GREIVE, Bradley Trevor. Prefácio. In: ADAMS, Douglas. *O Guia do Mochileiro das Galáxias.* Rio de Janeiro: Sextante, 2004.

GUIMARÃES, Cesar; LEAL, Bruno; MENDONÇA, Carlos (Org.). *Comunicação e experiência estética.* Belo Horizonte: Ed. UFMG, 2006.

GUIMARÃES, Cesar; LEAL, Bruno; MENDONÇA, Carlos (Org.). *Entre o sensível e o comunicacional.* Belo Horizonte: Autêntica, 2006.

GUMBRECHT, Hans Ulrich. *Produção de Presença – o que o sentido não consegue transmitir.* Rio de Janeiro: Contraponto; Ed-Puc Rio, 2010.

GURGEL, Eduardo Amaral. *Gêneros Jornalísticos sob a ótica Beltraniana.* Artigo apresentado no GP Gêneros Jornalísticos durante o XXXIV Congresso Brasileiro de Ciências da Comunicação. Recife-PE, de 2 a 6 de setembro de 2011.

GUTTMAN, Juliana F. *Formas do Telejornal.* 2012. 270 f. Tese (Doutorado em Comunicação) – Faculdade de Comunicação, Universidade Federal da Bahia, Salvador, 2012.

HALL, Stuart. A identidade cultural na pós-modernidade. In: SILVA, Tadeu; LOURO, Guacira (Org.). *A identidade cultural na pós-modernidade.* Rio de Janeiro: DP&A, 1999.

HALL, Stuart. *Representation: Cultural Representations and Signifying Practices.* London: Sage, 1997.

HANITZSCH, Thomas. Approaching Alternative Media: Theory and Methodology. In: ATTON, Cris. *Alternative Media.* Great Britain: Sage Publications, 2002. p. 7-29.

HOHLFELDT, Antonio; MARTINO, Luiz e FRANÇA, Vera V. (Org.). *Teorias da Comunicação*. Petrópolis: Vozes, 2001.

HOUAISS, Antônio. *Dicionário Houaiss da Língua Portuguesa*. São Paulo: Objetiva, 2009.

ISER, Wolfgang. *O ato da leitura: uma teoria do efeito estético*. São Paulo: Ed. 34, 1996. v. 1.

JANOTTI JR., Jéder. Dos gêneros textuais, dos discursos e das canções: uma proposta de análise da música popular massiva a partir da noção de gênero midiático. In: LEMOS, André *et al* (Org.). *Narrativas midiáticas contemporâneas: livro da XIV Compós*. Porto Alegre: Sulina, 2006.

JÁUREGUI, Carlos. *Jogos de paixão: uma abordagem discursiva das emoções nos títulos do jornalismo esportivo mineiro*. Orientador: Wander Emediato. 2010. 172 f. Dissertação (Mestrado em Estudos Linguísticos) – Faculdade de Letras, Universidade Federal de Minas Gerais, Belo Horizonte, 2010.

JENKINS, Henry. *Cultura da convergência*. Trad. Susana Alexandria. São Paulo: Aleph, 2008.

JOST, François. *Seis lições sobre a televisão*. Florianópolis: Sulina, 2004.

KAYSER, Jacques. *El diario frances*. Barcelona: ATE, 1974.

KOSELLECK, Reinhart. *Futuro pasado: contribuição à semántica dos tempos históricos*. Rio de Janeiro: Contraponto: Ed. PUC-Rio, 2006.

KOVACK, Bill; ROSENSTIEL, Tom. *Os elementos do jornalismo; o que os jornalistas devem saber e o público exigir*. São Paulo: Geração Editorial, 2003.

LACLAU, Ernesto; MOUFFE, Chantal. *Hegemony & Socialist Strategy: Towards a Radical Democratic Politics*. London and New York: Verso, 1985.

LACOUTURE, Jean. A história imediata. In: LE GOFF, J. (Org.). *A História Nova*. São Paulo. Martins Fontes, 1990. p. 216-240.

LAGE, Leandro. O massacre de Realengo na retrospectiva de Veja: entre a memória e o esquecimento. In: ENCONTRO NACIONAL DA SBPJOR, 10., 2012, São Paulo. *Anais*... Curitiba: SBPJor, 2012. p. 1-12.

LAGE, Nilson. *A reportagem: teoria e técnica de entrevista e pesquisa jornalística*. Rio de janeiro: Record, 2006.

LANDOWSKI, Eric. *A sociedade refletida: ensaios de sociossemiótica*. São Paulo: Educ/Pontes, 1992.

LE BRETON, David. *As paixões ordinárias: antropologia das emoções*. Petrópolis: Vozes, 2009.

LEAL, Bruno Souza; ANTUNES, Elton. O acontecimento como conteúdo: limites e implicação de uma metodologia. In: LEAL, Bruno Souza; ANTUNES,

Elton; VAZ, Paulo Bernardo. (Orgs.). *Jornalismo e acontecimento: percursos metodológicos*. Florianópolis: Insular, 2011a. p. 17-36.

LEAL, Bruno Souza; ANTUNES, Elton; VAZ, Paulo Bernardo. *Jornalismo e acontecimento: desafios metodológicos*. Florianópolis, Insular, 2011b.

LEAL, Bruno Souza; CARVALHO, Carlos (Org.) *Narrativas e poéticas midiáticas*. São Paulo: Intermeios, 2013.

LEAL, Bruno Souza; CARVALHO, Carlos Albeto. *Jornalismo e homofobia no Brasil: mapeamentos e reflexões*. São Paulo: Intermeios, 2012.

LEAL, Bruno Souza; JÁCOME, Phellipy. Mundos possíveis entre a ficção e a não-ficção: aproximações à realidade televisiva. *Revista FAMECOS*, Porto Alegre, v. 18, n. 3, p. 855-876, set./dez. 2011.

LEAL, Bruno Souza; VAZ, Paulo Bernardo; ANTUNES, Elton. De quem é a agenda? In: BENETTI, M.; FONSECA, V. P. S. (Org.). *Jornalismo e acontecimento: mapeamentos críticos*. 1. ed. Florianópolis: Insular, 2010. p. 221-239.

LEDO, Margarita. *Documentalismo fotográfico: êxodos e identidad*. Madrid: Cátedra, 1998.

LOPES, A. D.; MING, L. Vidas a ser reconstruídas. *Veja*, São Paulo, 13 abr. 2011, p. 92-93.

LYOTARD, Jean-François. *O pós-moderno*. Rio de Janeiro: J. Olympio, 1988.

MAFRA, Rennan. Deliberação mediada e legitimidade discursiva: uma aproximação possível? *Cadernos da Escola do Legislativo*, Belo Horizonte, Alemg, v. 13, p. 59-82, 2011.

MAIA, Rousiley C. M. (Coord.). *Mídia e deliberação*. Rio de Janeiro: Editora FGV, 2008.

MAINGUENEAU, Dominique. *Analise de textos de comunicação*. 2. ed. São Paulo: Cortez, 2002.

MARQUES DE MELO, José. *Jornalismo Opinativo*. Campos do Jordão: Mantiqueira, 2003.

MARTÍN-BARBERO, Jesús. *Dos meios às mediações: comunicação, cultura e sociedade*. Rio de Janeiro: Editora UFRJ, 2008.

McCOMBS, Maxwell. *Setting the Agenda*: T*he Mass Media and Public Opinion*. Cambrige: Blackwell Publishing Inc., 2004.

MCLUHAN, Marshall. *Os meios de comunicação como extensões do homem*. São Paulo: Cultrix, 1964.

MEDINA, Cremilda. *Notícia: um produto à venda*. São Paulo: Summus, 1988.

METZ, Christian. *Ensayos sobre la significacion en el cine 1.* Madrid: Paidós, 1968.

MIÈGE, Bernardo. *O pensamento comunicacional.* Petrópolis: Vozes, 2000.

MITTEL, Jason. *Genre and Television.* New York and London: Routledge, 2004.

MOLOTCH, H.; LESTER, M. As notícias como procedimento intencional: acerca do uso estratégico de acontecimentos de rotina, acidentes e escândalos. In: TRAQUINA, N. (Org.). Jornalismo: questões, teorias e "estórias". Lisboa: Vega, 1993. p. 35-51.

MORETZSOHN, Sylvia. *"Profissionalismo" e "objetividade": o jornalismo na contramão da política.* Disponível em: <http://www.bocc.ubi.pt>. Acesso em: 4 ago. 2012.

MORETZSOHN, Sylvia. *Pensando contra dos fatos.* Rio de Janeiro: Revan, 2007.

MOTTA, Luiz Gonzaga. Jornalismo e configuração narrativa da história do presente. *E-Compós,* n. 1, v. 1, p. 1-26, 2004.

MOUILLAUD, Maurice. O jornal: da forma ao sentido. Brasília: UnB, 1997.

NEVEU, Érik. *Sociologia do jornalismo.* São Paulo: Edições Loyola, 2006.

NUNES, Benedito. *O tempo na narrativa.* São Paulo: Ática, 1988.

O'REILLY, Tim. *What is web 2.0 – Design Patterns and Business Models for the Next Generation of Softwares,* 2005. Disponível em: <http://oreilly.com/pub/a/web2/archive/what-is-web-20.html?page=1>.

PARRET, Herman. *A estética da comunicação: além da pragmática.* Campinas, SP: Editora Unicamp, 1997.

PARRET, Herman. *Les passions: essai sur la mise en discours de la subjectivité.* Bruxelas: Pierre Margaga, 1986.

PAVEL, Thomas. *Fictional Worlds.* Boston: Harvard University Press, 1986.

PERAYA, Peraya D. (1998-c, avril). Vers les campus virtuels. Principes et fonctionnements techno-sémiopragmatiques des dispositifs virtuels de formation. Communication présentée au colloque. In: DISPOSITIFS & MÉDIATION DES SAVOIRS, GReMS, GRAME, Département de Communication, Université Catholique de Louvain, Louvain-La-Neuve. Disponível em: <http://tecfa.unige.ch/tecfa/publicat/peraya-papers/toulouse-ref98f.rtf>.

PERELMAN, Chaïm; OLLBRECHTS-TYTECA, Lucie. *Tratado de argumentação: a nova retórica.* São Paulo: Martins Fontes, 2005.

PEUCER, Tobias. Os relatos jornalísticos. In: *Estudos em Jornalismo e Mídia,* Florianópolis, v. 1, n. 2, nov. 2004.

PLANTIN, Christian. As razões das emoções. In: MACHADO, Ida; MENDES, Emília (Org.). *As emoções no dicurso.* Campinas: Mercado das Letras, 2010. v. 2, p. 57-80.

PONTE, Cristina. *Para entender as notícias – linhas de análise do discurso.* Florianópolis: Insular, 2005.

POSTMAN, Neil. The Humanism of Media Ecology. *Proceedings of the Media Ecology Association,* v. 1, 2000.

POZUELO YVANCOS, José María. La ficcionalidad: estado de la cuestión. *Signa,* Revista de la Asociación Española de Semiótica, n. 3, p. 265-282, 1994.

QUÉRÉ, L. A dupla vida do acontecimento: por um realismo pragmatista. FRANÇA, Vera Regina Veiga; OLIVEIRA, Luciana de. (Org.). *Acontecimento: reverberações.* Belo Horizonte: Autêntica, 2012. p. 21-38.

QUERÉ, Louis. Entre facto e sentido: a dualidade do acontecimento. *Trajectos,* ISCTE, n. 6, p. 59-74, 2005.

QUÉRÉ, Louis. L'espace public comme forme et comme événement. In: JOSEPH, Isaac (Org.). *Prendre Place.* Espace public et culture dramatique. Coloque de Cerisy. Associationdês Amis de Pontigny-Cérisy / Editións Recherches, 1995.

QUERÉ, Louis. Le public comme forme et comme modalité d'expérience. In: CEFAÏ, D., PASQUIER, D. (Org). *Les sens du public, publics politiques, publicsmédiatiques.* Paris: PUF, 2003.

QUÉRÉ. Louis. D'un modèle épistémologique de la communication à un modèle praxéologique. *Réseaux,* Paris, CNET, n. 46-47, v. 9, p. 69-90, 1991.

RAMONET, Ignacio. *La explosion del periodismo – de los medios de masas a la masa de medios.* Madrid: Clave Intelectual, 2011.

RANCIÈRE, Jacques. *A partilha do sensível: estética e política.* São Paulo: Ed. 34, 2005.

RICOEUR, Paul. Entre tempo e narrativa: concordância/discordância. *Kriterion,* n. 125, p. 299-310, jun. 2012.

RICOEUR, Paul. Événement et sens. *Raisons Pratiques,* Paris, n. 2, p. 41-56, 1991.

RICOEUR, Paul. *As Culturas e o tempo.* Petrópolis: Vozes; São Paulo: Edusp, 1975.

RICOEUR, Paul. *Tempo e narrativa.* São Paulo: WMF Martins Fontes, 2010.

RICOUER, Paul. *Tempo e narrativa.* Campinas: Papirus, 1994. t. 1.

RIZZINI, Carlos. *O livro, o jornal e a tipografia no Brasil, 1500-1822: com um breve estudo geral sobre a informação.* São Paulo: Imprensa Oficial do Estado, 1988.

RYAN, Marie-Laure. *Narrative Across Media: The Languages of Storytelling.* Lincoln: University of Nebraska Press, 2004.

SANT'ANNA, Francisco. *Mídia das fontes. Um novo ator no cenário jornalístico brasileiro: um olhar sobre a ação midiática do Senado Federal.* Brasília: Senado Federal, Subsecretaria de Edições Técnicas, 2009.

SANT'ANNA, Francisco. Mídia das fontes: o difusor do jornalismo corporativo. Disponível em: < http://bocc.ubi.pt/pag/santanna-francisco--mídia-fontes.pdf>.

SANTAELLA, Lúcia; NÖTH, Winfried. *Comunicação e semiótica.* São Paulo: Hackers, 2004.

SANT'ANNA, Lourival. *O destino do jornal.* Rio de Janeiro: Record, 2008.

SANTOS, Boaventura de Souza. *Um discurso sobre as ciências.* São Paulo: Cortez, 2003.

SCHMITZ, Aldo Antonio. *As fontes no jornalismo.* Trabalho apresentado no GP Teoria do Jornalismo do X Encontro dos Grupos de Pesquisa em Comunicação, evento componente do XXXIII Congresso Brasileiro de Ciências da Comunicação.

SCOLARI, Carlos. *Hipermediaciones – elementos para una teoria de la comunicación digital interactiva.* Barcelona: Gedisa, 2008.

SCOLARI, Carlos. *Narrativas transmedia – cuando todos los médios cuentan.* Barcelona: Deusto, 2013.

SEIXAS, Lia. *Redefinindo os gêneros jornalísticos.* Covilhã: Livros LabCom, 2009.

SHANNON, Claude; WEAVER, Warren. *The Mattematical Theory of Communication.* Urbana: University of Illinois, 1949.

SHOEMAKER, Pamela J. *News and newsworthiness: a commentary.* 2006. Disponível em: <http://jonathanstray.com/papers/News%20and%20Newsworthiness%20--%20A%20Commentary.pdf>.

SILVEIRINHA, Maria João. O lançamento da moeda européia e seus enquadramentos na imprensa. Trabalho apresentado no XXVIII Congresso Brasileiro de Ciências da Comunicação, realizado em setembro de 2005. Disponível em: <http://reposcom.portcom.intercom.org.br/dspace/bitstream/1904/18029/1/R0199-1.pdf.>.

SILVERSTONE, Roger. *Por que estudar a mídia?* Trad. Milton Camargo Mota. São Paulo: Loyola, 2002.

SODRÉ, Muniz. *A narração do fato.* Petrópolis: Editora Vozes, 2009.

SODRÉ, Nelson Werneck. *História da imprensa no Brasil.* Rio de Janeiro: Mauad, 1999.

SONTAG, Susan. *Sobre fotografia.* São Paulo: Companhia das letras, 2004.

SOUSA, Jorge Pedro. Tobias Peucer: progenitor da teoria do jornalismo. *Estudos em Jornalismo e Mídia*, Florianópolis, v. 1, n. 2, nov. 2004.

SOUSA, Jorge Pedro. *Uma história crítica do fotojornalismo ocidental.* Porto, 1998.

TAMBOSI, Orlando. Tobias Peucer e as origens do jornalismo. *Estudos em Jornalismo e Mídia*, Florianópolis, v. 1, n. 2, nov. 2004.

TÉTU, Jean-François. L'émotion dans le médias: dispositifs, formes et figures. *Mots: les langages du politique*, n. 75, p. 9-19, 2004.

TÉTU, Jean-François. L'actualité ou l'impasse du temps. In: *Sciences de l'information et de la communication. Textes essentiels.* Paris: Larousse, 1993. p. 713-722.

THOMPSON, John. B. A nova visibilidade. *Revista Matrizes*, São Paulo, v. 1, n. 2, p. 15-38, abr. 2007.

TRAQUINA, Nelson. As notícias. In: TRAQUINA, Nelson (Org.). *Jornalismo: questões, teorias e "estórias"*. Lisboa: Vega, 1999.

TRAQUINA, Nelson. As teorias do jornalismo. In: TRAQUINA, Nelson. *Teorias do jornalismo: por que as notícias são como são.* Florianópolis: Editora Insular, 2005. v. 2.

TRAQUINA, Nelson. *Jornalismo.* Lisboa: Quimera, 2002a.

TRAQUINA, Nelson. *O estudo do jornalismo no século XX.* São Leopoldo: Unisinos, 2002b.

TRAQUINA, Nelson. *Teorias do jornalismo.* 2. ed. Florianópolis: Insular, 2005.

TUCHMAN, G. *Making News: a Study in the Construction of Reality.* Nova York: Free Press, 1978.

VERÓN, Eliseo. *Fragmentos de um tecido.* São Leopoldo: Unisinos, 2004.

WAISBORD, Silvio. A sociedade civil pode mudar o jornalismo? A experiência do jornalismo de defesa civil na América Latina. In: Sociedade Brasileira de Pesquisa em Jornalismo. *Brazilian Journalism Research*, Journalism theory, research and criticism (versão em português), v. 2, n. 1, 2009a.

WAISBORD, Silvio. Advocacy Journalism in a Global Context. In: WAHL-JORGENSEN Karin; HANITZSCH, Thomas. *The handbook of journalism studies.* New York: Taylor and Francis, 2009b. p. 371-385.

WHITE, David Manning. O gatekeeper: uma análise de caso na selecção de notícias. In: TRAQUINA, Nelson (Org.). *Jornalismo: questões, teorias e histórias.* Lisboa: Vega, 1993.

WOLF, Mauro. Da sociologia dos emissores ao newsmaking. In: WOLF, Mauro. *Teorias das comunicações de massa.* São Paulo: Martins Fontes, 2003.

WOLF, Mauro. *Teorias da comunicação.* Lisboa: Editorial Presença, 1987.

WOLTON, Dominique. *Pensar a comunicação.* Trad. Zélia Leal Adghirni. Brasília: Editora UnB, 2004.

ZAMIN, A. No jornalismo, entre atualidade e recorrência: um acontecimento de longa duração. *InTexto*, v. 2, p. 91-104, 2011.

Sobre os autores

Ana Carolina Silveira é jornalista e atua há vários anos no chamado terceiro setor. Ainda procura entender o que é isso.

Angie Biondi é pesquisadora em comunicação social, coleciona fotografias de imprensa em seu álbum de figurinhas *O mundo em duplicata* e sempre tem sorte no jogo do bafo.

Bruno Souza Leal é professor na UFMG, pesquisador em comunicação, adora viajar por histórias e textos e, apesar de dirigir, não entende nada de veículos automotores.

Carlos Alberto de Carvalho é professor da graduação e da pós-graduação em comunicação da UFMG. Estuda, desconfiadamente, o alcance teórico e as potencialidades metodológicas das chamadas "teorias clássicas" do jornalismo.

Carlos Jáuregui é jornalista e professor. Sabe que já sofreu, mas não deixa de amar.

Eliziane Lara é jornalista e tem convicção de que o jornalismo é não um acessório, mas peça indispensável na construção de uma sociedade mais justa e tolerante.

Elton Antunes é professor do Departamento de Comunicação/UFMG e toda vez que pensa em temporalidade e jornalismo tem dificuldade em não associar o dia de domingo a ler jornal e a comer frango com quiabo.

Flávia da Silva Miranda é jornalista da assessoria de imprensa da Assembleia Legislativa de Minas Gerais. Adora frases populares, mas não entende bem por que o jornal de ontem é bom para embrulhar peixe.

Geane Carvalho Alzamora é professora do Departamento de Comunicação Social/UFMG e especialista em deseducar cães, gatos e crianças. Gosta de observar a comunicação pelo prisma da semiótica e talvez por isso ache que canal é um termo mais propício ao universo odontológico que comunicacional.

Humberto Santos é repórter, trabalha no jornal *O Tempo*, de Belo Horizonte, e encontra diariamente com os dilemas profissionais da área.

Jurandira Fonseca Gonçalves é jornalista e trabalha por muitos anos em assessoria de imprensa e com jornalismo científico. Em ambiente profissional, ouve mais do que fala.

Leandro Lage é pesquisador em comunicação e jornalista. Como bom paraense, acha que legítimo acontecimento mesmo só o almoço do Círio de Nazaré. Insiste em afirmar que fato nenhum está consumado até que se consume.

Nuno Manna é pesquisador em Comunicação, jornalista curioso e entusiasta do fantástico. Não perde uma boa oportunidade de dar atenção a informações irrelevantes.

Paulo Bernardo Vaz é professor e pesquisador em comunicação. Adora ler, viajar, conhecer e descobrir lugares, coisas e pessoas novas. É muito organizado.

Phellipy Jácome é jornalista, pesquisador em comunicação social e nada hábil em matérias de costura. Por isso, prefere analisar outros tipos de tessituras. A partir das jornalísticas, gosta de coser relações entramando realidade e ficção.

Rennan Mafra é professor da Universidade Federal de Viçosa e sofre de entusiasmo quando encontra pessoas queridas. Não consegue separar prosa de poesia, palavra de gesto, letra de melodia e se assujeita à comunicação como quem se dispõe ao encontro (e não ao controle) do mundo.

Renné Lanna Martins França é professor de comunicação social e costumava arquivar tudo que via na mídia sem importar o gênero (de telenovela a jornais impressos), até que a internet, com o Youtube e outros bancos digitais, tornou sua atividade obsoleta. Ele ainda procura por um novo hobby.

Rodrigo Portari é professor de comunicação, adora ler jornais, especialmente as capas, e, ao menos conscientemente, não faz gênero.

Este livro foi composto com tipografia Minion e impresso
em papel Off Set 75 g/m² na Paulinelli Serviços Gráficos.